Scoprire i Giochi Gratuiti Online

Disponibile Qui:

BestActivityBooks.com/FREEGAMES

5 CONSIGLI PER INIZIARE

1) COME RISOLVERE LE PAROLE INTRECCIATTE

I puzzle hanno un formato classico:

- Le parole sono nascoste senza spazi o trattini,...
- Orientamento: Le parole possono essere scritte in avanti, indietro, verso l'alto, verso il basso o in diagonale (possono essere invertite).
- Le parole possono sovrapporsi o intersecarsi.

2) APPRENDIMENTO ATTIVO

Accanto ad ogni parola c'è uno spazio per scrivere la traduzione. Per incoraggiare l'apprendimento attivo, un **DIZIONARIO** alla fine di questa edizione vi permetterà di controllare e ampliare le vostre conoscenze. Cerca e scrivi le traduzioni, trovale nel puzzle e aggiungile al tuo vocabolario!

3) SEGNARE LE PAROLE

Puoi inventare il tuo sistema di segni. Forse ne usi già uno? Per esempio, puoi segnare le parole difficili da trovare con una croce, le parole preferite con una stella, le parole nuove con un triangolo, le parole rare con un diamante, e così via.

4) STRUTTURARE L'APPRENDIMENTO

Questa edizione offre un **TACCUINO** alla fine del libro. In vacanza, in viaggio o a casa, puoi organizzare facilmente le tue nuove conoscenze senza bisogno di un secondo quaderno!

5) AVETE FINITO TUTTE LE GRIGLIE?

Nelle ultime pagine di questo libro, nella sezione della **SFIDA FINALE**, troverete un gioco gratuito!

Facile e veloce! Dai un'occhiata alla nostra collezione di libri di attività per il tuo prossimo momento di divertimento e **apprendimento,** a portata di clic!

Trova la tua prossima sfida su:

BestActivityBooks.com/MioProssimoLibro

Ai vostri posti, pronti...Via!

Sapevi che ci sono circa 7.000 lingue diverse nel mondo? Le parole sono preziose.

Amiamo le lingue e abbiamo lavorato duramente per creare libri di altissima qualità. I nostri ingredienti?

Una selezione di argomenti adatti all'apprendimento, tre buone porzioni di intrattenimento, una cucchiaiata di parole difficili e una spolverata di parole rare. Li serviamo con amore e entusiasmo in modo che tu possa risolvere i migliori giochi di parole e divertirti imparando!

La vostra opinione è essenziale. Puoi partecipare attivamente al successo di questo libro lasciandoci un commento. Ci piacerebbe sapere cosa ti è piaciuto di più di questa edizione.

Ecco un link veloce alla pagina dell'ordine:

BestBooksActivity.com/Recensione50

Grazie per il vostro aiuto e buon divertimento!

Tutta la squadra

1 - Scacchi

```
M E O M J O S P P S K D H H
U E P M U S T A E T I I A F
V J S Q H Q T S L R L A A P
A Z P T R L C S A A P G S Z
S D L D A E J I A T A O T P
T Y Z K T R A I J E I N E E
U C M U A T I V A G L A E L
S Ä Ä N N Ö T I G I U A T I
T E Q I R M R N I A T L S J
A K P N L H A E O P P I A R
J P R G C U Z N Y M G N J P
A I K A T U R N A U S E Y T
G U R S K N B V S T L N N R
V A L K O I N E N A S Y T G
```

VASTUSTAJA
VALKOINEN
MESTARI
KILPAILU
DIAGONAALINEN
PELAAJA
PELI
MUSTA
PASSIIVINEN

OPPIA
KUNINGAS
SÄÄNNÖT
UHRATA
HAASTEET
STRATEGIA
AIKA
TURNAUS

2 - Aggettivi #2

```
P  F  I  D  P  Q  Q  Z  G  A  P  J  N  K
T  U  O  T  T  A  V  A  W  I  C  S  Ä  U
I  L  H  U  U  S  I  I  G  T  S  N  L  I
Q  K  M  D  L  U  O  V  A  O  G  O  K  V
K  U  U  M  A  B  S  D  O  J  K  R  Ä  A
A  U  V  Y  E  S  C  G  S  R  T  M  I  S
Y  P  U  Y  Z  Y  R  M  A  K  E  A  N  U
T  Y  Y  L  I  K  Ä  S  M  N  R  A  E  O
K  R  A  P  U  T  B  A  N  T  V  L  N  L
D  U  U  E  B  I  Y  S  R  P  E  I  N  A
S  W  V  Ä  I  S  S  I  B  N  V  Q  A  I
L  I  K  A  O  H  P  A  V  A  H  V  A  N
V  A  S  T  U  U  L  L  I  N  E  N  W  E
Q  N  G  P  Y  S  C  H  A  N  D  O  H  N
```

NÄLKÄINEN	VAHVA
KUIVA	NORMAALI
AITO	UUSI
KUUMA	YLPEÄ
LUOVA	TUOTTAVA
KUVAUS	PUHDAS
MAKEA	VASTUULLINEN
TYYLIKÄS	SUOLAINEN
KUULUISA	TERVE

3 - Mobili

```
A G R J S C M P E I L I T P
T Y Y N Y K A U O D Q Y U P
P E N K K I T Y Y N Y T O Q
G J B V K V T M L H A F L T
O E V E R H O T V E F I I W
A Z Z D B Y K O A Z W V J G
L R I I P P U M A T T O H R
G A M K B I Q B U O B B Y H
D A M O K I R J A H Y L L Y
S A Q P I N O J A T U O L I
I O H W P R Z S Ä N K Y Y B
K I H U I U E P A T J A T O
I G C V A T Y Ö P Ö Y T Ä H
N G V L A F U T O N D T D P
```

RIIPPUMATTO	PATJA
ARMOIRE	PENKKI
TYYNYT	NOJATUOLI
TYYNY	HYLLYT
SOHVA	TYÖPÖYTÄ
FUTON	TUOLI
LAMPPU	PEILI
SÄNKY	MATTO
KIRJAHYLLY	VERHOT

4 - Pesca

```
Z R L H V I U S Z V A G Z T
R Y E A O M C Y H U E F H Å
P R U Y I P A I N O H N K L
R N K Q S T G U S Q U H E M
F Y A J I A T D K O K K I O
C O A T G B R E V Ä T N H D
G J E L L E N E E C G G M I
U T O W J Y N K Z T H Q P G
Z D R K R R Q F S U W T K H
K R H T I Y Y B Z I C A O E
R A N T A K O R I J Q U U T
S Y Ö T T I V E S I J J K M
V A L T A M E R I W J F K L
I Z I U G T D J Ä R V I U H
```

VESI	KOUKKU
LAITTEET	JÄRVI
VENE	LEUKA
GJELLENE	VALTAMERI
KORI	TÅLMODIGHET
KOKKI	PAINO
SYÖTTI	EVÄT
JOKI	RANTA

5 - Aggettivi #1

```
A  N  U  N  B  E  S  R  L  Y  Q  M  R  H
R  U  V  P  N  K  K  U  A  V  P  B  L  I
O  O  Z  M  A  S  K  S  U  S  W  L  N  D
M  R  O  H  U  T  T  Y  O  R  K  L  K  A
A  I  U  N  Y  A  S  V  Q  T  I  A  V  S
A  U  E  V  Y  A  D  Ä  R  Z  I  K  S  A
T  Ä  Y  D  E  L  L  I  N  E  N  S  C  R
T  E  H  D  O  T  O  N  K  T  J  J  K  V
I  S  B  P  S  Y  M  M  Q  Ä  Y  P  L  O
N  U  S  I  U  M  O  D  E  R  N  I  V  K
E  V  A  L  T  A  V  A  P  K  B  T  O  A
N  R  E  H  E  L  L  I  N  E  N  K  U  S
A  N  T  E  L  I  A  S  K  Ä  T  Ä  H  G
O  N  Z  I  D  E  N  T  T  I  N  E  N  R
```

AROMAATTINEN	HIDAS
EHDOTON	PITKÄ
VALTAVA	MODERNI
EKSOTISK	REHELLINEN
ANTELIAS	TÄYDELLINEN
NUORI	RASKAS
SUURI	ARVOKAS
IDENTTINEN	SYVÄ
TÄRKEÄ	OHUT

6 - Geologia

```
K I V I I T M L E E T F L S
A L S T A L A C T I T E A T
L K H S L U A S F Y L P V A
S S V G J O N H A I L B A L
I U A A Y L O F A N W T Q A
U O F J R A S W D P K B F G
M L W E C T A G L W P O O M
V A E R O O S I O K I O S I
M A A N J Ä R I S T Y S S I
M I N E R A A L I B L Y I T
V K E R R O S I K W Q L I I
G E Y S I R B S E C J M L T
C C U E R K O R A L L I I A
C R Y S T A L V O L C A N O
```

HAPPO
TASANKO
KALSIUM
LUOLA
MAANOSA
KORALLI
CRYSTAL
EROOSIO
FOSSIILI
GEYSIR

LAVA
MINERAALI
KIVI
KVARTSI
SUOLA
STALAGMIITIT
STALACTITE
KERROS
MAANJÄRISTYS
VOLCANO

7 - Campeggio

```
V  I  E  Q  Q  J  K  A  N  O  O  T  T  I
K  U  B  N  E  D  Ä  H  A  T  T  U  R  W
O  E  O  M  Q  K  A  R  T  T  A  N  I  F
M  L  T  R  R  K  M  H  V  K  A  J  I  Z
P  Ä  E  Z  I  K  Ö  Y  S  I  N  Z  P  C
A  I  L  H  M  U  K  Ö  S  W  T  Q  P  L
S  M  T  F  E  U  K  N  E  M  A  P  U  U
S  E  T  W  T  Q  I  T  I  H  A  A  M  O
I  T  A  J  S  F  M  E  K  A  P  E  A  N
M  E  T  S  Ä  P  D  I  K  U  O  R  T  T
B  L  J  Q  S  V  G  N  A  S  T  F  T  O
S  A  N  O  T  B  G  E  I  K  K  Z  O  A
M  O  J  N  Y  R  R  N  L  A  U  T  M  H
C  E  S  I  S  P  F  D  U  A  T  S  D  Z
```

PUU	HAUSKAA
RIIPPUMATTO	METSÄ
ELÄIMET	ANTAA POTKUT
SEIKKAILU	HYÖNTEINEN
KOMPASSI	JÄRVI
MÖKKI	KUU
METSÄSTYS	KARTTA
KANOOTTI	VUORI
HATTU	LUONTO
KÖYSI	TELTTA

8 - Arti Visive

```
D S L N Ä K Ö K U L M A M K
I V A L O K U V A M A R E O
V K L V M Y V E E F A K S O
Z E I Y I N I L L H L K T S
G R I W Z Ä O O U P A I A T
L A T S E F R K O M U T R U
A M U O T O K U V A S E I M
K I P G M O O V U A T H T U
K I Z A T K S A U L E T E S
A K B I J O J H S A L U O F
C K I D N J V V B U I U S E
P A R A F I I N I S N R I S
T A I T E I L I J A E I R G
V L Y I J Y K Y N Ä U A M R
```

ARKKITEHTUURI
SAVI
TAITEILIJA
MESTARITEOS
MAALAUSTELINE
PARAFIINI
KERAMIIKKA
KOOSTUMUS
LUOVUUS
ELOKUVA

VALOKUVA
LIITU
LYIJYKYNÄ
KYNÄ
MAALAUS
NÄKÖKULMA
MUOTOKUVA
VEISTOS
LAKKA

9 - Esplorazione

```
V  J  Ä  N  N  I  T  Y  S  W  V  P  K  Z
A  A  G  V  E  A  O  N  P  Z  O  Ä  I  T
A  R  A  L  J  V  T  P  I  C  M  Ä  E  P
R  H  A  R  G  O  K  F  P  H  I  T  L  G
A  F  G  M  A  U  W  A  Z  I  S  T  I  T
T  I  L  A  A  L  Ö  Y  T  Ö  A  Ä  M  O
B  L  O  D  V  A  L  E  G  G  Y  V  A  I
U  U  P  U  M  U  S  I  F  W  N  Ä  T  M
S  R  Z  A  G  G  P  C  N  L  C  I  K  I
R  O  H  K  E  U  T  T  A  E  I  S  U  N
T  U  N  T  E  M  A  T  O  N  N  Y  S  T
L  L  I  V  I  L  L  I  W  O  D  Y  T  A
K  V  G  U  U  S  I  Q  W  C  S  S  A  A
E  F  A  Z  Q  E  L  Ä  I  M  E  T  A  G
```

ELÄIMET	VAARAT
TOIMINTA	VAARALLINEN
ROHKEUTTA	TUNTEMATON
PÄÄTTÄVÄISYYS	LÖYTÖ
JÄNNITYS	VILLI
UUPUMUS	TILA
KIELI	MAA
UUSI	MATKUSTAA
OPPIA	

10 - Tempo

```
Y O G K V I I K K O L U T O
Ö D D Y U C W H E T K I Ä K
A A M U F U C B E L U F N A
K V J W Z D K Q D M L I Ä L
G U P Ä I V Ä A N T Z O Ä E
P O P I A N P T U N N I N N
D S E I L E N Y R S W Y E T
M I N U U T T I V Y I Z O E
O K N J G J B P G U Q F J R
C Y E H H P J I L E O V D I
S M N J Ä L K E E N Y S F Q
U M V U O S I S A T A I I S
G E T U L E V A I S U U S R
W N K E S K I P Ä I V Ä E Y
```

VUOSI
KALENTERI
VUOSIKYMMEN
JÄLKEEN
TULEVAISUUS
PÄIVÄ
EILEN
AAMU
KUUKAUSI
KESKIPÄIVÄ

MINUUTTI
HETKI
YÖ
TÄNÄÄN
TUNNIN
KELLO
PIAN
ENNEN
VUOSISATA
VIIKKO

11 - Astronomia

```
K A U K O P U T K I J U A J
T Q A O P L T T A I V A S E
A Z S S D A M Ä W S H E Y V
I O T M K N I E H Q Z C F N
V O R O U E C N T D R H L D
A A O S U E G F O E I C Q Ø
A S N G S T W S H V O S E G
L T A A Ä T P G R R O R T N
L E U L T A Q M A A M I I Ö
I R T A E V Q B K U T Y M H
N O T K I S U P E R N O V A
E I I S L U J K T N F Q Q C
N D U I Y M S Y T I P Y N S
F I W Q Q U N P I M G O A I
```

ASTEROIDI
ASTRONAUTTI
TAIVAALLINEN
TAIVAS
KOSMOS
TÄHDISTÖ
JEVNDØGN
GALAKSI
PAINOVOIMA

KUU
METEORI
SUMU
PLANEETTA
SÄTEILY
RAKETTI
SUPERNOVA
KAUKOPUTKI
MAA

12 - Circo

```
B T E L T T A K A T S O J A
T A A D Y P A R A A T I O T
A H L I M U D I Z S T M N E
I Y I L K K G K L K C U G M
K Z D U O U T N I O V S L P
A C A E V N R Z P T I I Ö P
Y G B N S N G I P I I I Ö U
A K R O B A T E U I H K R A
A P U R Y D Q L R K D K I P
C E N S Q V W Ä V E Y I V I
H I L U M H Y I Z R T Y I N
L E I J O N A M U I T R V A
C H J E S B V E V J Ä O B H
V Z R N J N L T P D Ä Z F B
```

AKROBAT
ELÄIMET
LIPPU
PUKU
NORSU
JONGLÖÖRI
VIIHDYTTÄÄ
LEIJONA
TAIKA

TAIKURI
MUSIIKKI
BALLONGER
PARAATI
APINA
KATSOJA
TELTTA
TIIKERI
TEMPPU

13 - Mitologia

```
K L A B Y R I N T T I M K U
O M E J H I R V I Ö W F A K
S M M U V A H V U U S R T K
T B M M L U O M I N E N A O
O O V A R K E T Y P E U S N
K U O L E V A I N E N S T E
P U P A W Q C Q Z S Z K R N
S A M T G S Z P J A K O O L
M A A G I N E N P L A M F E
Z V N T A I V A S A T U I G
A K D K G C I S K M E K N E
N S K K A R Z A K A U S T N
L P P I T R Z W T I S E K D
S O T U R I I O L E N T O A
```

ARKETYPE
OLENTO
LUOMINEN
USKOMUKSET
KATASTROFI
JUMALAT
SANKARI
VAHVUUS
SALAMA
KATEUS

SOTURI
LABYRINTTI
LEGENDA
MAAGINEN
KUOLEVAINEN
HIRVIÖ
TAIVAS
UKKONEN
KOSTO

14 - Piante

```
K B K N P Y T Z Z A D L J E
A A A K R U O H O E Q E S P
S M E T S Ä U K C N M H D U
V B B K V V B A J H K T C H
I U P U S K A K M P N I L F
T E R Ä L E H T I G P E I A
I R F H F V S U Q M J N Y P
E L N L N F L S A M M A L U
D K A S V A A J F A V I O U
E P U S G U M U R A T T I T
D O A K I C K U Y W Q O W A
C B M P K S Q R M A R J A R
Q B D F U A Y I H V L I K H
K A S V I S T O T Q I B Q A
```

PUU
MARJA
BAMBU
KASVITIEDE
KAKTUS
PUSKA
KASVAA
MURATTI
RUOHO

PAPU
KUKKA
KASVISTO
LEHTIEN
METSÄ
PUUTARHA
SAMMAL
TERÄLEHTI
JUURI

15 - Spezie

```
F  C  G  I  T  K  M  Q  Z  L  Y  K  K  M
E  M  V  N  T  P  A  P  R  I  K  A  O  A
N  R  A  K  D  M  K  N  V  R  C  R  R  U
K  M  L  I  C  K  U  P  E  M  S  D  I  S
O  A  K  V  Y  A  M  I  U  L  V  E  A  T
L  K  O  Ä  V  T  H  P  W  A  I  M  N  E
I  E  S  Ä  A  K  C  P  S  K  Y  U  T  S
W  A  I  R  N  E  C  U  R  R  Y  M  E  A
M  G  P  I  I  R  B  R  V  I  T  M  R  H
U  S  U  O  L  A  A  I  P  T  P  A  I  R
T  E  L  N  J  E  T  N  W  S  U  U  A  A
D  N  I  T  A  E  M  S  I  I  F  B  N  M
K  U  M  I  N  A  Z  B  Y  S  I  Y  G  I
S  I  P  U  L  I  Z  K  U  R  K  U  M  A
```

VALKOSIPULI	MAKEA
KATKERA	FENKOLI
ANIS	MAKU
KANELI	LAKRITSI
KARDEMUMMA	PAPRIKA
SIPULI	PIPPURI
KORIANTERI	SUOLA
KUMINA	VANILJA
KURKUMA	MAUSTESAHRAMI
CURRY	INKIVÄÄRI

16 - Numeri

```
M K A H D E K S A N P B Q I
A A Y A E R A V I I S I B C
T K H A S N K Y M M E N E N
E S D V I I S I T O I S T A
M I E W M N I K K M N Y Q B
A K K N A O T E U A A P Z T
T Y S R A L O M P U K K N S
I M Ä K L L I N F K S S G C
I M N Q I A S F E O P I I L
K E Y K S I T R C L W N B L
K N T I O J A Y Z M J Y Y G
A T G D S E I T S E M Ä N M
I Ä K O L M E T O I S T A C
N E L J Ä T O I S T A P F B
```

VIISI
DESIMAALI
KYMMENEN
KAKSITOISTA
KAKSI
MATEMATIIKKA
YHDEKSÄN
KAHDEKSAN
NELJÄTOISTA

NELJÄ
VIISITOISTA
KUUSI
SEITSEMÄN
KOLME
KOLMETOISTA
YKSI
KAKSIKYMMENTÄ
NOLLA

17 - Cioccolato

```
O  B  S  D  O  V  J  A  U  H  E  T  T  M
K  H  M  Y  J  N  G  A  Z  E  I  K  A  A
K  Z  K  A  L  O  R  I  J  L  L  M  K  A
S  U  O  S  I  K  K  I  O  N  A  G  O  P
U  K  E  O  B  N  J  A  L  G  A  V  K  Ä
P  A  O  K  H  R  E  S  E  P  T  I  O  H
R  T  D  E  S  D  Z  S  E  M  U  M  S  K
W  K  Z  R  F  O  J  R  O  W  V  A  N  I
K  E  J  I  J  T  T  P  M  S  N  K  Ø  N
A  R  S  Y  Ö  D  Ä  I  W  W  A  E  T  Ä
A  A  Y  Z  N  K  C  V  S  E  R  A  T  T
K  A  R  A  M  E  L  L  I  K  O  L  G  G
A  R  T  I  S  A  N  A  L  Z  M  A  K  U
O  C  S  H  E  R  K  U  L  L  I  N  E  N
```

KATKERA	EKSOTISK
MAAPÄHKINÄT	MAKU
AROMI	AINESOSA
ARTISANAL	SYÖDÄ
HIMO	KOKOSNØTT
KAAKAO	JAUHE
KALORI	SUOSIKKI
KARAMELLI	LAATU
HERKULLINEN	RESEPTI
MAKEA	SOKERI

18 - Guida

```
N O P E U S N P Q M T L O U
K Z O Z B Q H O W O I I N L
H B T A U T O L N O E S N L
Q F U Y S J N I M T P E E I
C N R F S N W I Z T O N T I
K A V A I W Z S I O L S T K
A U A Z N Y Z I V R T S O E
R T L T U N N E L I T I M N
T O L J Z Z L E J K O Q U N
T T I Y E D W D A H A V U E
A A S V M T D Y R I I A S N
W L U A B Q U N R R N E S T
J L U Q I S T S U E E Q Z U
Y I S V A A R A T I Z M R N
```

AUTO
BUSSI
POLTTOAINE
JARRUT
AUTOTALLI
KAASU
ONNETTOMUUS
LISENSSI
KARTTA

MOOTTORI
VAARA
POLIISI
TURVALLISUUS
TIE
LIIKENNE
KULJETUS
TUNNELI
NOPEUS

19 - Sport

```
K T M P E L I P V R G A D U
O E E O K H F E O N O H B S
R N S L A K K L I I L G J T
I N T K T Z U A T R F O Ä A
P I A U T G N A T U E V Ä D
A S R P B U T J A C O O K I
L H U Y N A O A J V W I I O
L O U Ö E Z S M A A Y M E N
O Y S R G T A E A L I I K E
V S U Ä Y S L N B R M S K M
Z D D J F R I C Z A I T O U
C D T I I M I I N N L E O E
U R H E I L I J A Z D L B B
V A L M E N T A J A D U L S
```

VALMENTAJA   PELI
TUOMARI   GOLF
URHEILIJA   JÄÄKIEKKO
BASEBALL   LIIKE
KORIPALLO   KUNTOSALI
POLKUPYÖRÄ   TIIMI
MESTARUUS   STADION
VOIMISTELU   TENNIS
PELAAJA   VOITTAJA

20 - Giocattoli

```
L L Q P B A V R R S A V I M
P E L I T U E T H H C A E I
A V I R I T N B U A P U G E
L P E J B O E S I K W P M L
L K T N A C O C F K K A M I
O U R E E Q T C T I I L R K
U K Z L S E H Y F T R A U U
O A M R U V T S N B J P M V
L E N T O K O N E W A E M I
A R U O S B G W V T T L U T
M D K A I E O B F I D I T U
Q V K I K V U T H Y B H O S
D I E Z K T V D T J V J W T
K U O B I Q R M K I A W Q Z
```

LENTOKONE
LEIJA
SAVI
VENEET
AUTO
NUKKE
VENE
RUMMUT
KUKA

PELIT
MIELIKUVITUS
KIRJAT
PALLO
SUOSIKKI
PALAPELI
ROBOTTI
SHAKKI

21 - Uccelli

```
K Y Y H K Y N E N H G R C T
M U N A P A P U K A I J A O
C O E N H A W A P N V E N U
B B V S I V E I O H C Z K K
J O U T S E N C Y I K K K A
F H A I K A R A A G K S A A
P L K Ä K I B Z O D K C G N
L Ö A S T R U T S I C A V I
O H L M Q P A E B U S D N N
K A S L I V A R P U N E N A
K U Y K Ö N I O B A K Q G B
I K Y P I N G V I I N I B P
Q K L J B Y K O T K A V D T
C A N F P E L I K A A N I T
```

ANKKA	PAPUKAIJA
KOTKA	VARPUNEN
HAIKARA	PELIKAANI
JOUTSEN	KYYHKYNEN
KÄKI	PINGVIINI
HAUKKA	KANA
FLAMINGO	STRUTSI
LOKKI	TOUKAANIN
PÖLLÖ	MUNA
HANHI	

22 - Giorni e Mesi

```
D O I N P A F K H L U W L K
N J O U L U K U U A Z O O E
V I I K K O R U H U H I K S
E T F K J R V K T A E O A K
M A A N A N T A I N I M K I
T L D V E T F U K T N A U V
U I C U F Z O S U A Ä R U I
W Q I O U K C I U I K R E I
I T D S K E S Ä K U U A L K
G C F I T M N I O W U S O K
N I W L B A K N H R G K K O
D P H E L M I K U U E U U N
T A M M I K U U G M C U U F
S Y Y S K U U M V R O B Y G
```

ELOKUU
VUOSI
HUHTIKUU
JOULUKUU
HELMIKUU
TAMMIKUU
KESÄKUU
HEINÄKUU
MAANANTAI

TIISTAI
KESKIVIIKKO
KUUKAUSI
MARRASKUU
LOKAKUU
LAUANTAI
SYYSKUU
VIIKKO

23 - Casa

```
C  G  K  V  V  P  U  U  T  A  R  H  A  D
P  E  I  L  I  A  O  A  H  Y  D  S  V  Y
C  Y  R  W  B  H  Y  M  W  P  A  U  A  K
W  K  J  S  E  I  N  Ä  K  H  V  K  U  H
M  H  A  A  U  T  O  T  A  L  L  I  L  T
A  I  S  E  S  I  O  H  N  A  U  K  L  A
T  L  T  Z  M  R  H  V  U  M  U  Z  A  K
T  A  O  D  Z  E  A  K  I  P  T  Z  K  K
O  T  I  H  U  O  N  E  U  P  A  B  K  A
G  T  K  Y  P  V  A  I  G  U  T  I  O  P
Z  I  K  A  T  T  O  T  S  F  M  J  T  P
T  A  U  A  M  J  T  T  M  P  K  I  V  A
P  C  N  B  J  U  D  I  N  Ø  K  L  E  R
R  V  A  V  R  L  P  Ö  F  I  M  G  I  M
```

ULLAKKO
KIRJASTO
HUONE
TAKKA
NØKLER
KEITTIÖ
SUIHKU
IKKUNA
AUTOTALLI
PUUTARHA

LAMPPU
SEINÄ
LATTIA
OVI
AITA
HANA
LUUTA
PEILI
MATTO
KATTO

24 - Ristorante #1

```
K  I  I  U  Z  Q  B  L  K  U  L  H  O  V
W  U  G  W  S  M  O  I  E  A  O  Z  W  A
T  P  T  H  V  K  A  H  V  I  N  T  V  L
K  E  I  T  T  I  Ö  A  A  A  P  A  V  I
M  A  U  S  T  E  I  N  E  N  P  Ä  E  K
L  A  U  T  A  S  L  I  I  N  A  L  I  K
R  J  U  A  J  V  A  R  A  U  S  E  T  O
S  U  U  O  W  F  S  I  Z  I  U  V  S  S
J  Ä  L  K  I  R  U  O  K  A  N  Y  I  Y
V  A  L  L  E  R  G  I  A  A  F  E  I  Ö
T  A  R  J  O  I  L  I  J  A  E  D  D  D
E  I  Q  O  O  J  J  I  L  K  Y  H  P  Ä
I  R  U  O  K  A  Q  M  I  T  V  E  T  Q
K  A  S  T  I  K  E  I  R  N  I  O  Q  B
```

ALLERGIA
KAHVI
TARJOILIJA
LIHA
RUOKA
KULHO
VEITSI
KEITTIÖ
JÄLKIRUOKA
AINE

SYÖDÄ
VALIKKO
LEIPÄ
LEVY
MAUSTEINEN
KANA
VARAUS
KASTIKE
LAUTASLIINA

25 - Fantascienza

```
R  F  U  T  U  R  I  S  T  I  N  E  N  M
E  R  Ä  J  Ä  H  D  Y  S  S  K  T  G  A
A  L  S  W  K  G  C  Y  N  J  V  Y  A  A
L  J  A  F  N  T  J  R  S  V  M  F  L  I
I  I  L  L  U  U  S  I  O  T  R  E  A  L
S  P  A  P  V  P  D  S  E  J  O  A  K  M
T  L  P  Q  O  I  A  K  U  M  N  P  S  A
I  A  E  Q  R  T  S  E  R  F  P  E  I  G
N  N  R  O  M  A  A  N  E  J  A  T  J  A
E  E  Ä  F  A  N  T  A  S  T  I  N  E  N
N  E  I  A  W  O  R  A  A  K  K  E  L  I
D  T  N  R  R  S  N  R  K  I  R  J  A  T
O  T  E  W  D  O  H  I  U  T  O  P  I  A
H  A  N  W  E  E  L  O  K  U  V  A  W  Z
```

ELOKUVA
DYSTOPIA
RÄJÄHDYS
FANTASTINEN
FUTURISTINEN
GALAKSI
ILLUUSIO
KIRJAT

SALAPERÄINEN
MAAILMA
ORAAKKELI
PLANEETTA
REALISTINEN
ROMAANEJA
SKENAARIO
UTOPIA

26 - Città

```
S F N H M U S E O N V K W K
K A U P P A E T J G B O Y I
L U F T H A V N A W D U R R
T G L E I P O M O D L L Y J
E A P T E E K K I Q I U G A
A L A Q R V Q E I Z E O W S
T L N M A R K K I N A E N T
T E K D V S G H L D V J V O
E R K C I Y L I O P I S T O
R I I O N K L I N I K K A J
I A W C T L Y E L O K U V A
Q R R H O T E L L I W G U K
A E M K L L E I B B S S Y G
K I R J A K A U P P A T M I
```

LUFTHAVN
PANKKI
KIRJASTO
ELOKUVA
KLINIKKA
APTEEKKI
GALLERIA
HOTELLI
KIRJAKAUPPA

MARKKINA
MUSEO
KAUPPA
LEIPOMO
RAVINTOLA
KOULU
STADION
TEATTERI
YLIOPISTO

27 - Virtù #1

```
V U P Q Q M U P Ä P R I H R
I I T U O G Q U L O I N A A
I S E D H R P J Y T I T U T
S E H H U D R R K I P O S K
A K O Y Ä U A H Ä L P H K A
S U K V F T K S S A U I A I
V T A Ä D I T J L S M M O S
W E S B C B I Ä E W A O K E
O L B I S Z S Z V L T I S V
W I A L D S K H W Ä O N K A
V A A T I M A T O N N E S P
S S S W I A Z P O A M N L Y
J T A I T E E L L I N E N M
F I F U V A N T E L I A S W
```

VIEHÄTTÄVÄ
INTOHIMOINEN
TAITEELLINEN
HYVÄ
UTELIAS
RATKAISEVA
HAUSKA
TEHOKAS

ANTELIAS
RIIPPUMATON
ÄLYKÄS
VAATIMATON
POTILAS
PRAKTISK
PUHDAS
VIISAS

28 - Compleanno

```
N  V  T  O  L  A  H  J  A  P  I  U  M  F
J  U  H  L  A  A  I  K  A  K  S  R  N  W
Q  O  O  V  U  O  U  I  C  R  S  L  N  F
N  S  N  R  R  P  K  L  M  J  S  K  D  B
P  I  N  G  I  P  A  O  U  E  P  A  H  E
K  V  E  R  O  I  K  I  R  Q  E  L  A  Q
C  A  L  E  G  A  K  N  V  T  S  E  U  M
G  D  L  T  P  I  U  E  R  Y  I  N  S  V
N  D  I  Y  S  L  N  N  J  S  E  T  K  I
S  Y  N  T  Y  N  Y  T  L  T  L  E  A  I
M  C  E  K  U  T  S  U  T  Ä  L  R  A  S
K  Y  N  T  T  I  L  Ä  J  V  K  I  S  A
O  I  O  B  R  V  R  U  P  Ä  N  G  M  U
J  G  P  Ä  I  V  Ä  T  M  E  J  R  H  S
```

YSTÄVÄ
VUOSI
KALENTERI
KYNTTILÄ
LAULU
KORTIT
JUHLA
HAUSKAA
ONNELLINEN
ILOINEN

PÄIVÄ
NUORI
KUTSUT
SYNTYNYT
OPPIA
LAHJA
VIISAUS
SPESIELL
AIKA
KAKKU

29 - Fattoria #1

```
H O Y G C O G Y R F Z D R N
V Q V S I H M A B C T F I S
I N S Z K B P D Z B W R I I
Z C M E H I L Ä I N E N S E
H U N A J A A S I M C Y I M
E J K L A N N O I T E B A E
V U O H I T H P K A N A I N
O K I P N H A E A Z V T T E
N I R I Z Y L L I R H J A T
E S A B Y S N E O N V E S I
N S J F B I O H L U Ä I Q C
V A S I K K A M Y T S I K A
O H K E N T T Ä F V Z V Z V
D U R P T Z C Z L N A Z M D
```

VESI
MAATALOUS
MEHILÄINEN
AASI
KENTTÄ
KOIRA
VUOHI
HEVONEN
LANNOITE
HEINÄ

KISSA
PARVI
SIKA
HUNAJA
LEHMÄ
KANA
AITA
RIISI
SIEMENET
VASIKKA

30 - Paesaggi

```
V I J P J V V J I R R D S A
N U G T A R E Ä G G A I U C
S T O T A S G R Z M S N O B
V E T R V G Z V R I P N T L
A U U N I A E I T M E R I A
L J N I K S J Y H Ä C W B A
T O D E K O Ä G S K S M H K
A K R M O J Ä Ä T I K K Ö S
M I A I J O V K F Q R M J O
E T O M G Q U V O L C A N O
R W K A Q P O T F D O T F F
I A P A B E R K E I D A S Q
L L U O L A I A Q N B B R H
V E S I P U T O U S A A R I
```

VESIPUTOUS	MERI
MÄKI	VUORI
AAVIKKO	KEIDAS
JOKI	VALTAMERI
GEYSIR	SUO
JÄÄTIKKÖ	NIEMIMAA
LUOLA	RANTA
JÄÄVUORI	TUNDRA
SAARI	LAAKSO
JÄRVI	VOLCANO

31 - Ristorante #2

```
M  H  U  L  C  C  G  P  Q  H  K  I  V  A
U  A  Z  K  Y  N  W  E  D  E  A  L  I  D
N  A  U  A  K  A  R  C  M  R  K  L  H  P
A  R  G  S  J  Ä  Ä  N  H  K  K  A  A  K
T  U  S  Z  T  U  O  L  I  U  U  L  N  B
K  K  A  A  V  E  S  I  Y  L  L  L  N  P
L  K  J  L  L  Q  E  Y  W  L  U  I  E  I
Y  A  U  D  K  A  E  T  V  I  S  N  S  G
S  U  O  L  A  U  A  T  S  N  I  E  S  R
U  Z  M  J  L  H  P  T  J  E  K  N  Q  A
P  D  A  J  A  I  R  A  T  N  K  V  C  Z
P  L  O  U  N  A  S  U  L  I  A  W  K  A
E  H  E  D  E  L  M  Ä  J  A  N  O  M  N
A  V  T  A  R  J  O  I  L  I  J  A  H  O
```

VESI
ALKUPALA
JUOMA
TARJOILIJA
ILLALLINEN
LUSIKKA
HERKULLINEN
HAARUKKA
HEDELMÄ
JÄÄN

SALAATTI
SUPPE
KALA
LOUNAS
SUOLA
TUOLI
MAUSTEET
KAKKU
MUNAT
VIHANNES

32 - Giardino

```
N  H  O  Z  K  T  J  Y  D  H  I  Q  B  O
P  U  U  T  A  R  H  A  P  E  D  A  H  A
T  I  R  U  O  H  O  A  U  D  R  A  K  E
K  U  R  M  S  L  F  I  S  E  P  T  R  C
B  Z  G  Q  I  F  S  T  K  L  L  R  I  M
G  I  I  G  O  K  W  A  A  M  A  A  I  I
K  U  I  S  T  I  K  H  T  Ä  P  M  P  V
U  G  R  E  S  S  V  O  E  T  I  P  P  L
K  M  A  A  P  E  R  Ä  R  A  O  O  U  I
U  V  S  P  B  U  L  A  A  R  L  L  M  E
K  F  Y  J  M  R  O  I  S  H  E  I  A  D
K  P  E  N  K  K  I  O  S  A  T  I  T  F
A  P  U  U  E  I  N  C  I  W  K  N  T  K
A  U  T  O  T  A  L  L  I  I  U  I  O  L
```

PUU	PENKKI
RIIPPUMATTO	KUISTI
PUSKA	NURMIKKO
RUOHO	RAKE
UGRESS	AITA
KUKKA	LAMPI
HEDELMÄTARHA	MAAPERÄ
AUTOTALLI	TERASSI
PUUTARHA	TRAMPOLIINI
LAPIO	LETKU

33 - Frutta

```
B L A C K B E R R Y A G G V
M A N G O A V O K A D O A I
A F K Y R P E R S I K K A V
I N F J T A P R I K O O S I
S Z A V A D E L M A Y V D F
T M L N P Ä Ä R Y N Ä A F P
S K V G A N S O L U U M U B
W I Y N O S Y R Y P Ä L E A
L R T N E K T A R I I N I N
K S A R G H V N M K J Q P A
V I I K U N A S A I R Q B A
H K N I O U I S R I L Z N N
A K M E L O N I J V D P K I
F A O M E N A A A I G T S W
```

APRIKOOSI	SITRUUNA
ANANAS	MANGO
ORANSSI	OMENA
AVOKADO	MELONI
MARJA	BLACKBERRY
BANAANI	NEKTARIINI
KIRSIKKA	PÄÄRYNÄ
VIIKUNA	PERSIKKA
KIIVI	LUUMU
VADELMA	RYPÄLE

34 - Fattoria #2

```
H E D E L M Ä T A R H A M T
K A S T E L U L M U K P A R
B Q A N K K A U E G A V I A
Y T V H F Y W C H J R V S K
P A I M E N P C I M I N S T
V E H N Ä C I S L A T I I O
V I L J E L I J Ä I S I S R
H D A B L B B J I T A T I I
E M A M Ä U F R S O D T V O
D K M T I E K U P B C Y S S
E K A S M T L O E L O H R A
L K Q D E D E K S Q A P W B
M F J S T Q I A Ä S N T G I
Ä L A M M A S N B M B S O C
```

KARITSA
VILJELIJÄ
MEHILÄISPESÄ
ANKKA
ELÄIMET
RUOKA
LATO
HEDELMÄ
HEDELMÄTARHA
VEHNÄ

KASTELU
LAAMA
MAITO
MAISSI
KYPSÄ
OHRA
PAIMEN
LAMMAS
NIITTY
TRAKTORI

35 - Dinosauri

```
U  H  Y  O  U  V  G  P  M  K  K  F  I  M
D  L  A  J  I  T  E  Y  A  A  A  O  H  A
I  I  G  M  Q  R  V  R  M  T  S  S  A  A
R  H  L  A  D  T  R  S  M  O  V  S  Q  S
V  A  L  T  A  V  A  T  U  A  I  I  B  L
T  N  O  E  T  Q  P  Ö  T  M  N  I  R  L
N  S  F  L  F  V  T  M  T  I  S  L  B  B
M  Y  Z  I  S  M  O  Y  I  N  Y  I  Q  S
R  Ö  L  J  U  A  R  I  W  E  Ö  T  S  B
M  J  N  A  U  H  A  O  M  N  J  Q  Y  Y
U  Ä  I  W  R  V  L  L  E  A  Ä  P  I  C
J  V  H  Ä  I  J  Y  P  I  V  K  O  K  O
E  V  O  L  U  U  T  I  O  S  F  A  Y  D
O  S  I  I  V  E  T  S  R  O  O  R  S  I
```

SIIVET	VOIMAKAS
LIHANSYÖJÄ	SAALIS
PYRSTÖ	RAPTOR
VALTAVA	MATELIJA
KASVINSYÖJÄ	KATOAMINEN
EVOLUUTIO	LAJIT
FOSSIILIT	KOKO
SUURI	MAA
MAMMUTTI	HÄIJY

36 - Verdure

```
K V A L K O S I P U L I L Z
L U P A R T I S O K K A E S
C N R E M T H E R N E O L A
S U Y K R T M D K Z V U Y L
P A I N K U T R K T R S R O
I E V S E U N N A U R I S T
N P R T B A D A N Z J G P T
K I S S P A R S A K A A L I
I N I K I D R E T I I S I S
V A E S A L A A T T I D C I
Ä A N K C Y J S I P U L I P
Ä T I I M U N A K O I S O U
R T S E L L E R I S B V I L
I I R O P V T O M A A T T I
```

VALKOSIPULI
PARSAKAALI
ARTISOKKA
PORKKANA
KURKKU
SIPULI
SIENI
SALAATTI
MUNAKOISO
PERUNA

HERNE
TOMAATTI
PERSILJA
NAURIS
RETIISI
SALOTTISIPULI
SELLERI
PINAATTI
INKIVÄÄRI

37 - Scuola #2

```
M A T E M A T I I K K A K K
T K E N G Ä T L A K C J I W
K I R T S A B U S S I D R K
O E E E K S A K S E T D J I
U L E D P K E E P Q M I A R
L I K G E P K M E A P T T J
U O Y F G C U I L I P I K A
T P W Y N V I N I P Z E I L
U P T D O M W E T K S T R L
S I P B T G B N C S O O J I
K A L E N T E R I S V K A S
A K A T E E M I N E N O S U
L Y I J Y K Y N Ä I U N T U
O P E T T A J A K Y I E O S
```

AKATEEMINEN
BUSSI
KIRJASTO
KALENTERI
PAPERI
TIETOKONE
KOULUTUS
SAKSET
PELIT
KIELIOPPI

OPETTAJA
KIRJALLISUUS
LUKEMINEN
KIRJAT
MATEMATIIKKA
LYIJYKYNÄ
KENGÄT
TIEDE
REPPU

38 - Barbecue

```
I S G K R M A R N Q E Y G I
N B R A J U U V E H H R D R
P I I S M S O K P E R H E N
G L L T W I L K A Z A H R O
S L L I Y I F N A N Ä L K Ä
I A I K Y K U T S U A N U H
P L L E N K P E L I T P U E
U L K A G I K E S Ä B C M D
L I S M A P I P P U R I A E
I N U L A T O M A A T I T L
H E O O O Q I L O U N A S M
C N L C V E I T S E T Y S Ä
Y F A K T I C K V R Y U I I
O R F A V G I E H T T U M P
```

KUUMA	GRILLI
ILLALLINEN	SALAATIT
RUOKA	KUTSU
SIPULI	MUSIIKKI
VEITSET	PIPPURI
KESÄ	KANA
NÄLKÄ	TOMAATIT
PERHE	LOUNAS
HEDELMÄ	SUOLA
PELIT	KASTIKE

39 - Riempire

```
A D K E P U L L O R V F O T
M A L J A K K O V V Z F G A
M H N E C O K E F N M E K R
K A U Q F R Ä A A L U S A J
I D T C E I P M R D C O N O
R W Y K M G B F P T B G S T
J K N I A E M W G Ä O H I I
E R N I M L L F C Y R N O N
K V Y D T P A K E T T I K F
U I R K P U U U D A A K B I
O B I C U F K Z K S A G K L
R L A A T I K K O K V O R O
I Y C Y K H U M C U U M P R
R S S N I M S H E N U M D H
```

TYNNYRI
LAUKKU
PULLO
KIRJEKUORI
KANSIO
KARTONKI
LAATIKKO
KORI

ALUS
PAKETTI
ÄMPÄRI
TASKU
PUTKI
MATKALAUKKU
MALJAKKO
TARJOTIN

40 - Insetti

```
M E H I L Ä I N E N T M R P
V T D V G R E S S H O P P E
L A M P I A I N E N K M H R
T E H Y T T Y N E N I U O H
O C P P I L R S J B R U R O
U H Z P H V B C Z O P R N N
K O I C Ä T B S J B P A E E
K G S I R K K A S J U H T N
A A J H K I E E C I C A D A
F E S I F R P R N Y P I N I
M A T O Z V U R T K H N R Q
I I A R C A N H V T W E L D
T E R M I I T T I A U N Y A
T O R A K K A E A O C W Y E
```

KIRVA   GRESSHOPPE
MEHILÄINEN   SIRKKA
HORNET   KIRPPU
CICADA   TORAKKA
LEPPÄKERTTU   TERMIITTI
KOI   MATO
PERHONEN   AMPIAINEN
MUURAHAINEN   HYTTYNEN
TOUKKA

41 - Erboristeria

```
V A L K O S I P U L I B K A
B A S I L I K A H M T R U R
P E R S I L J A P E M A D O
L M R Y E M N I T I L L I M
R A K U U N A N I R V G N A
K D A J O I F E M A I B O A
K M S T Q F I S J M H T R T
D U N V U U O O A I R Z E T
N D K A H I J S M T E A G I
F E N K O L I A I I Ä F A N
P U U T A R H A K P N A N E
R O S M A R I I N I K T O N
K U L I N A A R I N E N T D
L A V E N T E L I T P S B U
```

VALKOSIPULI
TILLI
AROMAATTINEN
BASILIKA
KULINAARINEN
RAKUUNA
FENKOLI
KUKKA
PUUTARHA
AINESOSA

LAVENTELI
MEIRAMI
MINTTU
OREGANO
PERSILJA
LAATU
ROSMARIINI
TIMJAMI
VIHREÄ

42 - Danza

```
Z Q K S K B D L H R A Q R S
C G U N L C F I A F Y R C K
S Q L Q A M I I R C P T M M
Y W T J S W L K J R E J M O
S T T Q S L O E O F R A V I
F C U Z I F I P I Q I E D L
W R U R N D N C T U N N E M
N J R Y E Q E O U S T J R E
S B I H N C N U K W E F K I
A K A T E M I A S S I T E K
M U S I I K K I E U N A H Ä
K U M P P A N I T T E I O S
V I S U A A L I N E N D C G
K O R E O G R A F I A E U E
```

AKATEMIA
TAIDE
KLASSINEN
KUMPPANI
KOREOGRAFIA
KEHO
KULTTUURI
TUNNE
ILMEIKÄS

ILOINEN
ARMO
LIIKE
MUSIIKKI
RYHTI
HARJOITUKSET
RYTMI
PERINTEINEN
VISUAALINEN

43 - Scuola #1

```
N U M E R O O P E T T A J A
M A A K K O S E T S H E S V
A D T O V M C W D G B U B W
T L Y I J Y K Y N Ä C Z A D
E U Ö K Y T A J Z J H E A D
M O P Y U P N O Y S T Ä V Ä
A K Ö N V A S T A U K S I A
T K Y Ä W D I U B J J R R B
I A T T J G O H A U S K A A
I H Ä K I R J A S T O I T T
K U K P K A T P A P E R I U
K O M T K O K E E T U J O O
A N L O U N A S C J H A S L
H E O P P I A H O U C T K I
```

AAKKOSET	MATEMATIIKKA
YSTÄVÄ	LYIJYKYNÄ
LUOKKAHUONE	NUMERO
KIRJASTO	KYNÄT
PAPERI	OPPIA
KANSIO	LOUNAS
HAUSKAA	VASTAUKSIA
KOKEET	TYÖPÖYTÄ
OPETTAJA	TUOLI
KIRJAT	

44 - Fiori

```
P  L  U  M  E  R  I  A  V  P  I  O  V  T
A  H  I  B  I  S  C  U  S  P  S  R  M  E
J  P  V  I  U  K  U  C  P  Ä  L  K  H  R
A  F  I  M  A  G  N  O  L  I  A  I  L  Ä
S  J  T  L  Z  A  I  D  F  V  V  D  I  L
M  Z  U  G  A  R  K  W  D  Ä  E  E  L  E
I  M  L  V  B  D  K  K  Z  N  N  A  J  H
I  F  P  O  M  E  O  L  N  K  T  M  A  T
N  T  P  I  I  N  D  N  U  A  E  E  E  I
I  L  A  K  P  I  O  N  I  K  L  Y  R  V
H  I  A  U  Z  A  L  C  T  K  I  I  O  M
Z  I  N  K  I  M  P  P  U  A  O  E  D  K
B  L  I  K  B  M  P  I  H  R  U  U  S  U
P  A  K  A  S  E  A  A  N  A  W  H  C  V
```

VOIKUKKA	KIMPPU
GARDENIA	ORKIDEA
JASMIINI	UNIKKO
LILJA	PIONI
HIBISCUS	TERÄLEHTI
LAVENTELI	PLUMERIA
LIILA	RUUSU
MAGNOLIA	APILA
PÄIVÄNKAKKARA	TULPPAANI

45 - Ecologia

```
V  R  M  E  R  I  B  F  M  F  P  D  O  P
U  E  K  A  S  V  I  L  L  I  S  U  U  S
O  S  L  K  E  S  T  Ä  V  Ä  I  V  J  V
R  U  E  T  L  K  A  S  V  I  S  T  O  B
E  R  K  K  V  E  L  Ä  I  M  I  S  T  Ö
T  S  U  O  I  A  A  L  E  B  T  Y  Z  Z
L  S  I  A  Y  Z  J  A  A  J  A  H  Z  B
O  I  V  E  T  A  I  L  M  A  S  T  O  Y
Q  O  U  Q  Y  S  T  L  J  E  W  E  D  V
Z  E  U  Y  M  P  U  N  U  J  W  I  Y  I
K  A  S  V  I  T  Q  O  F  O  C  S  Z  D
V  N  I  G  N  C  P  Q  Y  K  N  Ö  U  S
H  O  N  L  E  S  K  O  N  E  Y  T  B  N
L  U  O  N  N  O  L  L  I  N  E  N  O  Z
```

ILMASTO	SUO
YHTEISÖ	KASVIT
ELÄIMISTÖ	RESURSSI
KASVISTO	KUIVUUS
MERI	SELVIYTYMINEN
VUORET	KESTÄVÄ
LUONTO	LAJIT
LUONNOLLINEN	KASVILLISUUS

46 - Discipline Scientifiche

```
M  M  C  O  T  Ä  H  T  I  T  I  E  D  E
P  I  M  E  T  E  O  R  O  L  O  G  I  A
S  G  N  I  M  M  U  N  O  L  O  G  I  A
Y  E  N  E  U  R  O  L  O  G  I  A  A  Q
K  O  P  K  R  A  V  I  T  S  E  M  U  S
O  L  H  O  K  A  S  V  I  T  I  E  D  E
L  O  K  L  B  B  L  M  G  Q  S  Y  C  H
O  G  U  O  O  B  I  O  L  O  G  I  A  W
G  I  K  G  D  V  A  O  G  K  A  D  Y  G
I  A  O  I  Q  I  F  V  K  I  E  V  N  M
A  A  N  A  T  O  M  I  A  E  A  M  T  O
K  I  E  L  I  T  I  E  D  E  M  K  I  Q
F  Y  S  I  O  L  O  G  I  A  Q  I  P  A
A  R  K  E  O  L  O  G  I  A  Q  Q  A  M
```

ANATOMIA
ARKEOLOGIA
TÄHTITIEDE
BIOKEMIA
BIOLOGIA
KASVITIEDE
KEMIA
EKOLOGIA
FYSIOLOGIA

GEOLOGIA
IMMUNOLOGIA
KIELITIEDE
METEOROLOGIA
MINERALOGIA
NEUROLOGIA
RAVITSEMUS
PSYKOLOGIA

47 - Scienza

```
K  F  E  F  T  H  A  V  A  I  N  T  O  F
O  F  V  O  U  O  Y  L  K  W  K  M  R  O
E  I  F  R  W  M  V  P  U  G  W  E  D  S
W  R  Y  G  O  P  V  C  O  O  Q  O  P  S
B  Q  S  A  B  G  B  C  B  T  N  N  I  I
P  A  I  N  O  V  O  I  M  A  E  T  I  I
I  O  I  I  K  O  Q  W  N  N  O  E  O  L
L  H  K  S  N  A  T  O  M  I  V  U  S  I
M  I  K  M  I  N  E  R  A  A  L  I  E  I
A  U  A  I  H  E  V  O  L  U  U  T  I  O
S  K  M  E  N  E  T  E  L  M  Ä  L  V  J
T  S  T  I  E  D  O  T  Q  B  D  P  C  U
O  E  L  A  B  O  R  A  T  O  R  I  O  Q
I  T  O  S  I  A  S  I  A  M  E  K  I  G
```

ATOMI	HYPOTEESI
ILMASTO	LABORATORIO
TIEDOT	MENETELMÄ
KOE	MINERAALI
EVOLUUTIO	LUONTO
TOSIASIA	ORGANISMI
FYSIIKKA	HAVAINTO
FOSSIILI	HIUKSET
PAINOVOIMA	

48 - Acqua

```
L J T N Z I P G R R E A G K
L H U R R I K A A N I A E O
O H L O V S J O K I J L Y S
R Ö V O P B U Q S R D T S T
M Y A V A Q F I Y T V O I E
O R L A K R S I H H E V R A
N Y N L K G V B J K L U M I
S K I T A I J Ä Ä N U C S I
U A J A N C Ä P Z T E A M R
U S D M E A R K A N A V A J
N T B E N G V H C L T V K V
I E F R B G I B Z K D S Y T
K L W I V Z U R Y W Y I K P
O U H A I H T U M I N E N J
```

TULVA
KANAVA
SUIHKU
HAIHTUMINEN
JOKI
PAKKANEN
GEYSIR
JÄÄN
KASTELU
JÄRVI

MONSUUNI
LUMI
VALTAMERI
AALTO
SADE
KOSTEUS
KOSTEA
HURRIKAANI
HÖYRY

49 - Gatti

```
G  H  T  J  Z  E  T  Z  T  B  G  P  Y  R
J  F  D  U  T  E  L  I  A  S  I  Y  Y  I
J  O  A  J  R  K  Y  N  S  I  Ä  R  N  I
P  J  R  D  H  K  Y  F  S  Q  Q  S  Q  P
H  U  L  L  U  A  K  Q  U  A  U  T  U  P
C  D  O  M  D  I  U  I  Y  P  P  Ö  K  U
M  J  N  O  P  E  A  S  T  I  K  J  Q  M
N  Q  P  S  S  L  E  I  K  K  I  S  Ä  A
A  U  Y  F  U  R  L  V  N  A  I  N  V  T
L  T  K  W  J  B  A  Ä  K  R  A  N  I  O
V  K  H  K  O  Y  N  H  I  I  R  I  L  N
G  I  N  Z  U  T  K  Ä  V  P  Z  G  L  Q
T  Q  Y  R  Y  A  A  N  K  Z  R  P  I  Z
T  S  V  H  M  E  T  S  Ä  S  T  Ä  J  Ä
```

KYNSIÄ	HULLU
METSÄSTÄJÄ	TURKKI
PYRSTÖ	VÄHÄN
UTELIAS	VILLI
HAUSKA	UJO
NUKKUA	HIIRI
LANKA	NOPEASTI
LEIKKISÄ	TASSU
RIIPPUMATON	

50 - Surf

```
M S R R L S Y U V S R L A U
Z E D I E Ä F C A U Y P L R
K C S W U Ä H G T O V I O H
A S R T V T B T S S A W I E
U O V A A H T O A I L D T I
L Q W O H R E A U T T Z T L
H C S N V T I A R T A J E I
P A C Q U Q H L A U M T L J
M A U H U D W T N U E Y I A
R E I S S Q T O T B R Y J Y
H J O U K K O J A J I L A V
N M E J N A C H V Q E I V G
N O P E U S A C Z P R F K F
Ä Ä R I M M Ä I N E N E E Q
```

URHEILIJA
MESTARI
HAUSKAA
ÄÄRIMMÄINEN
JOUKKOJA
VAHVUUS
SÄÄ
VALTAMERI
AALTO

SUOSITTU
ALOITTELIJA
VAAHTO
RIUTTA
RANTA
TYYLI
VATSA
NOPEUS

51 - Imbarcazioni

```
Y  V  M  I  E  H  I  S  T  Ö  G  P  D  K
F  L  U  E  W  D  J  Ä  R  V  I  R  Y  A
S  D  B  O  R  S  Z  O  B  S  G  V  Z  N
V  S  F  F  R  I  A  N  K  K  U  R  I  O
A  A  T  J  L  O  M  E  R  I  P  K  V  O
L  A  U  T  T  A  V  I  S  L  U  A  K  T
T  L  B  E  H  I  A  E  E  L  R  J  L  T
A  T  E  L  A  K  K  A  S  S  J  A  Y  I
M  O  O  T  T  O  R  I  P  I  E  K  N  C
E  Y  Q  J  M  A  S  T  O  J  V  K  W  T
R  Q  W  L  J  A  H  T  I  W  E  Ö  I  Z
I  U  Z  Y  Z  V  C  J  J  C  N  Y  O  E
N  I  W  M  O  H  P  P  U  A  E  S  J  N
A  N  S  Q  Q  I  J  U  L  W  H  I  P  Z
```

MASTO	JÄRVI
ANKKURI	MERI
PURJEVENE	VUOROVESI
POIJU	MERIMIES
KANOOTTI	MOOTTORI
KÖYSI	VALTAMERI
TELAKKA	AALTO
MIEHISTÖ	LAUTTA
JOKI	JAHTI
KAJAKK	

52 - Api

```
H U N A J A A O V D Q K P K
E S R U O K A K U K K A U U
K I B J V M I U L A L H U N
O I J P C B V K E S I Y T I
S V A A A G O A F V H Ö Ä N
Y E P U U R G T H I O D R G
S T A R I C V Z E T R Y H A
T R R I W N U I D A H L A T
E O A N S I I T E P Ö L Y A
E D F K M S M Y L T W I Y R
M Z I O D V U F M M N N L S
I M I A J I H G Ä H P E S Ä
U U N Y U U E S A V U N A O
M R I H Y Ö N T E I N E N Y
```

SIIVET	SAVU
PESÄ	PUUTARHA
HYÖDYLLINEN	HYÖNTEINEN
PARAFIINI	HUNAJA
RUOKA	KASVIT
EKOSYSTEEMI	SIITEPÖLY
KUKAT	KUNINGATAR
KUKKA	PARVI
HEDELMÄ	AURINKO

53 - Conservazione

```
K  G  I  V  V  D  V  I  N  I  C  L  E  V
C  W  W  U  R  E  I  L  M  A  S  T  O  I
S  R  W  I  L  K  S  A  I  S  Y  C  K  H
M  C  Y  M  P  Ä  R  I  S  T  Ö  B  C  R
Y  T  O  R  J  U  N  T  A  A  I  N  E  E
O  R  G  A  A  N  I  N  E  N  O  U  I  Ä
K  O  U  L  U  T  U  S  S  Y  K  L  I  V
E  H  U  O  L  E  N  A  I  H  E  R  O  Ä
S  F  O  R  U  R  E  N  S  N  I  N  G  H
T  E  R  V  E  Y  S  K  Z  N  A  A  D  E
Ä  L  U  O  N  N  O  L  L  I  N  E  N  N
V  E  K  O  S  Y  S  T  E  E  M  I  W  T
Ä  I  D  R  K  I  E  R  R  Ä  T  T  Ä  Ä
V  A  P  A  A  E  H  T  O  I  N  E  N  Ä
```

VESI	TORJUNTA-AINE
YMPÄRISTÖ	HUOLENAIHE
SYKLI	KIERRÄTTÄÄ
ILMASTO	VÄHENTÄÄ
EKOSYSTEEMI	TERVEYS
KOULUTUS	KESTÄVÄ
FORURENSNING	VIHREÄ
LUONNOLLINEN	VAPAAEHTOINEN
ORGAANINEN	

54 - Strumenti Musicali

```
F  T  G  N  M  J  Z  O  V  P  J  B  K  M
A  A  H  B  A  N  J  O  I  J  H  O  I  A
G  M  A  U  N  R  Y  U  T  H  B  T  R
O  B  V  K  D  T  U  K  L  H  B  O  A  I
T  U  D  G  O  N  G  M  U  S  U  E  R  M
T  R  Q  H  L  B  T  T  P  Y  E  I  A  B
I  I  A  R  I  K  R  S  V  U  N  L  L  A
Z  I  E  I  I  S  G  E  Q  L  B  W  L  U
B  N  F  N  N  P  A  S  U  U  N  A  E  O
J  I  Z  S  I  H  A  R  P  P  U  Q  K  L
K  L  A  R  I  N  E  T  T  I  R  Z  C  P
C  F  I  H  U  U  L  I  H  A  R  P  P  U
T  R  U  M  P  E  T  T  I  N  E  K  C  D
I  A  R  I  A  S  A  K  S  O  F  O  N  I
```

HUULIHARPPU	OBOE
HARPPU	PIANO
BANJO	SAKSOFONI
KITARA	TAMBURIINI
KLARINETTI	RUMPU
FAGOTTI	TRUMPETTI
HUILU	PASUUNA
GONG	VIULU
MANDOLIINI	SELLO
MARIMBA	

55 - Professioni #2

```
O  F  H  H  O  J  H  T  P  O  V  K  A  D
N  I  P  A  C  M  A  N  I  P  I  U  S  V
G  L  O  T  K  R  M  S  L  E  L  V  T  A
S  O  L  O  K  P  M  G  O  T  J  I  R  L
K  S  I  I  I  U  A  V  T  T  E  T  O  O
M  O  I  M  R  U  S  V  T  A  L  T  N  K
K  F  T  I  U  T  L  T  I  J  I  A  A  U
E  I  I  T  R  A  Ä  B  A  A  J  J  U  V
K  M  K  T  G  R  Ä  E  I  N  Ä  A  T  A
S  I  K  A  I  H  K  U  T  O  T  E  T  A
I  U  O  J  M  U  Ä  J  K  S  L  A  I  J
J  O  W  A  P  R  R  O  T  L  I  O  J  A
Ä  Y  B  D  B  I  I  K  G  D  I  V  G  A
I  N  S  I  N  Ö  Ö  R  I  B  E  I  Ä  I
```

VILJELIJÄ
ASTRONAUTTI
BIOLOGI
KIRURGI
HAMMASLÄÄKÄRI
ETSIVÄ
KUSTANTAJA
FILOSOFI
VALOKUVAAJA

PUUTARHURI
TOIMITTAJA
KUVITTAJA
INSINÖÖRI
OPETTAJA
KEKSIJÄ
PILOTTI
POLIITIKKO

56 - Letteratura

```
S Y A A D R W C M W L R V A
H P B K N R Y S E B Z B N W
P Ä Ä T E L M Ä T T E E M A
A D E E I Q G G A S L L B L
N I W K Z Y L D F A A Ä J O
A A P I A V Q J O K U M H P
L L H J J N U F R E S Ä B P
Y O L Ä V Q A B A F U K R U
Y G O R U N O L L I N E N S
S B K U V A U S O O T R R O
I F P N T Y Y L I G O T Y I
L A R O M A A N I W I A T N
V E R T A I L U Y P D A M T
L A J I T R A G E D I A I U
```

ANALYYSI
ANALOGIA
TEKIJÄ
ELÄMÄKERTA
PÄÄTELMÄ
VERTAILU
KUVAUS
DIALOG
LAJI
METAFORA

LAUSUNTO
RUNO
RUNOLLINEN
LOPPUSOINTU
RYTMI
ROMAANI
TYYLI
TEEMA
TRAGEDIA

57 - Cibo #2

```
C B M R K I I V I Q H P M J
U N B K L I C M N V G A U F
F B V K J R N B E K H R N T
A S L Y S I Y K N R Z S A O
L E I P Ä I S P K A L A K P
K L B B M S A L Ä U U K O Q
E L U J U I A T T L L A I T
H E H U S U K L A A E A S O
Z R W U V E H N Ä G O L O M
K I R S I K K A L T F I E A
U A O T S I E N I O M E N A
F K N O B A I W O R U O Q T
K M B A N A A N I P N M R T
J O G U R T T I Q T A K Q I
```

BANAANI
PARSAKAALI
KIRSIKKA
SUKLAA
JUUSTO
SIENI
VEHNÄ
KIIVI
OMENA
MUNAKOISO

LEIPÄ
KALA
KANA
TOMAATTI
KINKKU
RIISI
SELLERI
MUNA
RYPÄLE
JOGURTTI

58 - Nutrizione

```
P  R  O  T  E  I  I  N  I  N  L  S  K  S
A  Q  C  A  M  Y  E  I  W  L  A  N  A  D
I  M  Y  R  K  K  Y  T  Q  Z  A  E  T  U
N  R  K  A  S  T  I  K  E  U  T  S  K  H
O  U  R  Q  W  I  F  S  O  R  U  T  E  I
T  O  U  T  E  R  V  E  Y  H  V  E  R  P
R  U  O  K  A  H  A  L  U  Ö  C  E  A  K
D  A  K  A  J  K  G  P  H  W  T  T  Y  Z
C  Q  A  L  U  T  G  B  Z  B  L  Ä  S  S
U  H  V  O  K  Ä  Y  M  I  N  E  N  V  D
I  C  A  R  V  I  T  A  M  I  I  N  I  Ä
R  D  L  I  W  M  N  O  T  I  F  L  J  S
M  S  I  C  M  W  D  D  D  W  V  B  Y  P
I  C  O  I  D  U  M  A  U  S  T  E  E  T
```

KATKERA	PROTEIINI
RUOKAHALU	LAATU
KALORI	KASTIKE
SYÖTÄVÄ	TERVEYS
RUOKAVALIO	TERVE
KÄYMINEN	MAUSTEET
NESTEET	MYRKKY
PAINO	VITAMIINI

59 - Matematica

```
A R I T M E E T T I N E N W
G E O M E T R I A W U H V H
R I N N A K K A I N E N W F
T I L A V U U S I N Y D D R
Y H T Ä L Ö Z E K E H Ä S M
T L D E S I M A A L I F O O
I Y M P Ä R Y S M I T T A N
S Y M M E T R I A Ö J V T I
H K B W D N M N I C A A F K
S U U N N I K A S N T H E U
U L E K S P O N E N T T I L
M M J A K O M K O L M I O M
M A H A L K A I S I J A T I
A T N S U O R A K U L M I O
```

KULMAT
ARITMEETTINEN
YMPÄRYSMITTA
DESIMAALI
HALKAISIJA
JAKO
YHTÄLÖ
EKSPONENTTI
JAE
GEOMETRIA

RINNAKKAINEN
SUUNNIKAS
KEHÄ
MONIKULMIO
NELIÖ
SUORAKULMIO
SYMMETRIA
SUMMA
KOLMIO
TILAVUUS

60 - Bagno

```
S A K S E T S E U S U K E Q
P A L D Z U O S P I I O G H
Z Y I L I W S H E E W C K E
W F Y P N N L A J N F E O J
R O F H P R V M Y I G P V N
Y M I A E U R P S F J I J V
Q Q C J N E A O U F E N T F
H C C U P F O R M I E U A
W A D V O I D E F A H Y Y U
D T V E S I D L L T J A R F
H T J S K Y L P Y T J Z N M
R K T I P E I L I O Z J F A
K U P L I A S U I H K U A T
K T E J D O T R U H Ö Y R Y
```

VESI

PYYHE

KYLPY

KUPLIA

SUIHKU

SAKSET

WC

VOIDE

HAJUVESI

HANA

SAIPPUA

SHAMPOO

PEILI

SIENI

MATTO

HÖYRY

61 - Meditazione

```
H  J  S  M  Y  Ö  T  Ä  T  U  N  T  O  Y
H  A  V  A  I  N  T  O  Z  R  S  U  S  D
B  Z  B  N  C  R  A  U  H  A  L  N  V  T
W  F  M  Ä  H  M  K  L  Y  U  W  N  P  L
S  E  L  K  E  Y  S  N  V  H  O  E  Y  W
M  Z  U  Ö  N  H  A  Y  Ä  A  R  M  F  I
U  M  O  K  G  E  J  L  K  L  Y  P  I  Y
S  I  N  U  I  N  A  I  S  L  H  F  Q  O
I  E  T  L  T  K  T  I  Y  I  T  F  C  G
I  L  O  M  Y  I  U  K  M  N  I  C  P  D
K  I  T  A  S  S  K  E  I  E  F  I  A  G
K  Y  I  A  E  T  S  U  N  N  N  I  E  J
I  Y  S  Q  S  Ä  I  N  E  U  U  O  W  F
R  S  B  S  A  H  A  V  N  J  J  U  L  M
```

HYVÄKSYMINEN	MUSIIKKI
HUOMIO	LUONTO
RAUHALLINEN	HAVAINTO
SELKEYS	RAUHA
MYÖTÄTUNTO	AJATUKSIA
TUNNE	RYHTI
HENKISTÄ	NÄKÖKULMA
MIELI	HENGITYS
LIIKE	

62 - Estate

```
R  Z  G  E  O  Q  D  M  H  Y  R  V  K  Y
C  A  M  P  I  N  G  S  T  S  U  F  W  S
Z  Q  N  G  H  V  U  E  E  T  O  F  O  F
N  Q  T  T  D  S  H  T  H  Ä  K  R  M  T
M  G  H  Ä  A  P  G  Y  O  V  A  P  A  A
E  Z  T  H  C  C  I  P  J  Ä  Y  N  L  M
R  E  N  T  O  U  T  U  M  I  N  E  N  U
I  D  K  I  R  J  A  T  P  Z  Q  K  P  S
A  L  O  M  A  W  W  W  P  Y  R  O  E  I
H  M  O  J  Q  N  V  E  Z  E  H  T  R  I
S  A  N  D  A  A  L  I  T  Y  L  I  H  K
M  A  T  K  U  S  T  A  A  K  N  I  E  K
P  U  U  T  A  R  H  A  W  K  S  B  T  I
F  S  I  H  N  S  U  K  E  L  L  U  S  T
```

YSTÄVÄ
CAMPING
KOTI
RUOKA
PERHE
PUUTARHA
PELIT
ILO
SUKELLUS
KIRJAT

MERI
MUSIIKKI
RENTOUTUMINEN
SANDAALIT
RANTA
TÄHTI
VAPAA
LOMA
MATKUSTAA

63 - Escursionismo

```
S  P  O  E  O  J  M  R  K  D  U  Y  N  I
P  U  I  S  T  O  T  K  C  H  H  P  M  U
A  A  U  R  I  N  K  O  K  O  G  U  Y  A
M  Y  N  N  V  I  L  L  I  D  I  C  U  Q
Y  K  C  L  T  K  G  E  V  A  A  R  A  T
V  K  A  V  K  A  L  L  I  O  S  Z  N  V
L  O  M  R  Z  R  R  Ä  B  K  A  U  G  U
B  K  P  R  T  W  L  I  L  M  A  S  T  O
V  O  I  A  B  T  F  M  U  C  P  D  F  R
E  U  N  S  K  H  A  E  O  T  P  B  N  I
S  S  G  K  Q  S  E  T  N  S  A  M  Y  H
I  P  P  A  B  U  S  Y  T  O  A  V  R  M
A  R  D  S  O  J  W  Ä  O  M  T  Y  J  N
R  J  S  W  J  V  I  V  Ä  S  Y  N  Y  T
```

VESI
ELÄIMET
CAMPING
ILMASTO
KARTTA
SÄÄ
VUORI
LUONTO
SUUNTA
PUISTOT

VAARAT
RASKAS
KIVI
KALLIO
VILLI
AURINKO
VÄSYNYT
SAAPPAAT
KOKOUS

64 - Professioni #1

```
P N M E R I M I E S T T K T
T A I T E I L I J A A F U I
I U N G D B U G Q G N Z L E
M R J K A M T W D E S F T D
C U M T K I N B L M S L A E
E W V U T I D E J U I Ä S M
N H L G Ø S I R C U J Ä E I
T O G U R B L R I S A K P E
P I A N I S T I I I Z Ä P S
P T K E I V N W E K H R Ä O
S A M T A P T E E K K I T W
O J J P K O Q G E O L O G I
K A R T O G R A F I W R L N
P S Y K O L O G I Q S A C S
```

TAITEILIJA   HOITAJA
TANSSIJA   MERIMIES
PANKKIIRI   LÄÄKÄRI
KARTOGRAFI   MUUSIKKO
REDAKTØR   PIANISTI
APTEEKKI   PSYKOLOGI
GEOLOGI   TIEDEMIES
KULTASEPPÄ

65 - Antartide

```
K  F  J  J  L  U  J  N  K  N  M  T  T  R
S  P  L  C  Ä  V  E  S  I  I  I  T  I  E
Q  P  U  Ä  J  Ä  Y  Ä  V  E  N  U  E  T
P  V  A  M  M  S  N  I  I  M  E  T  T  K
R  V  J  O  A  P  U  L  N  I  R  K  E  I
L  A  H  T  I  A  Ö  Y  E  M  A  I  E  K
S  L  U  W  S  V  N  T  N  A  A  J  L  U
A  A  H  E  B  D  G  T  I  A  L  A  L  N
A  S  S  T  R  N  G  Ä  I  L  I  L  I  T
R  T  R  W  E  S  P  M  O  E  A  C  N  A
E  E  D  I  E  A  J  I  Z  U  D  U  E  C
T  B  U  I  R  V  D  N  C  W  H  E  N  G
M  U  U  T  T  O  S  E  P  I  L  V  I  U
F  Q  Y  W  M  A  A  N  O  S  A  M  C  P
```

VESI	MUUTTO
LAHTI	MINERAALI
VALAS	PILVI
SÄILYTTÄMINEN	NIEMIMAA
MAANOSA	TUTKIJA
MAANTIEDE	KIVINEN
ISBREER	TIETEELLINEN
JÄÄN	RETKIKUNTA
SAARET	LÄMPÖTILA

66 - Libri

```
U W M T O Y L T Y D Y D Z V
P N B E A P U B N T J V S H
O U B L K R K O K O E L M A
T P F L R B I M E R K K I K
U A L Z J Y J N O C A A T E
S E T R F K A G A J F S K R
Y O W E S K R I F T L I G T
C V P E E P P I N E N M H O
R E L E V A A N T I A E Z J
S I V U M T E K I J Ä C I A
P A K A K S I N A I S U U S
U J R L L D W R U N O U S F
H V M J K E K S E L I Ä S H
N R O M A A N I W A O E T T
```

TEKIJÄ	KERTOJA
MERKKI	SIVU
KOKOELMA	RUNOUS
KAKSINAISUUS	RELEVAANTIA
EEPPINEN	ROMAANI
UPOTUS	SKRIFTLIG
KEKSELIÄS	SARJA
LUKIJA	TARINA

67 - Geografia

```
H A L V K U L E T E L Ä A R
V I C E K A U P U N K I J F
U R U U V Z D O Q U R M S F
O F Q M L E U Z N P I A S V
R R R A E C Y O J M K A P A
I E D Q G R B S R W A I M L
I J M Q A O I H A R R L M T
K O R K E U S D M S T M E A
L K S A A R I K I A T A R M
C I T L A T L A S A A E I E
P I T U U S A S T E A S L R
U P P E B M G K Q L Ä N S I
K G F P O H J O I N E N I A
M A A N O S A J Z H A Y S V
```

KORKEUS	MERI
ATLAS	MERIDIAANI
KAUPUNKI	MAAILMA
MAANOSA	VUORI
HALVKULE	POHJOINEN
JOKI	VALTAMERI
SAARI	LÄNSI
LEVEYSASTE	MAASSA
PITUUSASTE	ALUE
KARTTA	ETELÄ

68 - Cibo #1

```
P F N O P O R K K A N A W I
H M T H S U E J A L G I L Z
K U P R M E H U V N P W W W
A L K A J D V Z Y M E M O B
K M I N T T U E Z A C L O A
K A U H S I P U L I V S I S
U N B S A L A A T T I O M I
S S V Z E P P C O W K C L
S I T R U U N A Ä I U E I I
R K T U N F I S K Ä C R Q K
K K S U O L A J C L R I C A
N A U R I S W H M J R Y K R
V A L K O S I P U L I Y N O
P I N A A T T I T W E F N Ä
```

VALKOSIPULI
BASILIKA
KANELI
LIHA
PORKKANA
SIPULI
MANSIKKA
SALAATTI
MAITO
SITRUUNA

MINTTU
OHRA
PÄÄRYNÄ
NAURIS
SUOLA
PINAATTI
MEHU
TUNFISK
KAKKU
SOKERI

69 - Aeroplani

```
V U G C A M O O T T O R I H
Y E M Y N A V I G O I D A I
P Q T M Q T A I V A S M F L
O A Y Y D K L A S K U V V M
L A S K E U T U M I N E N A
T F T H A S E I K K A I L U
T P W V U T F O R M I N G O
O K I L M A P A L L O Z T O
A O B L H J I L M A I N E N
I R J M O A N M H D B U W P
N K N W D T H I S T O R I A
E E S U U N T A G Q N C M B
D U E S Q W M I E H I S T Ö
B S R A K E N T A M I N E N
```

KORKEUS
ILMA
ILMAINEN
LASKU
SEIKKAILU
POLTTOAINE
TAIVAS
RAKENTAMINEN
UTFORMING
SUUNTA

LASKEUTUMINEN
MIEHISTÖ
VETY
MOOTTORI
NAVIGOIDA
ILMAPALLO
MATKUSTAJA
PILOTTI
HISTORIA

70 - Pirati

```
V  K  A  R  P  I  V  Z  Y  F  L  S  P  M
L  U  O  L  A  S  A  A  R  I  I  E  A  I
E  U  O  M  P  I  A  B  A  G  P  I  P  E
G  K  A  E  P  Q  R  Q  N  B  P  K  U  K
E  O  A  L  F  A  A  H  T  W  U  K  K  K
N  L  R  J  W  M  S  A  A  C  Z  A  A  A
D  I  R  E  K  I  K  S  N  N  F  I  I  R
A  K  E  I  O  E  P  A  I  K  U  L  J  A
W  O  V  W  V  H  C  G  R  T  K  U  A  L
H  T  M  G  Z  I  C  F  O  T  U  U  C  Z
U  D  M  Q  A  S  E  P  M  E  T  L  R  R
O  G  H  B  L  T  A  T  M  R  D  A  N  I
N  T  V  F  I  Ö  S  P  I  K  U  L  T  A
O  W  P  F  K  A  P  T  E  E  N  I  W  Q
```

ANKKURI	LEGENDA
SEIKKAILU	KARTTA
LIPPU	KOLIKOT
KOMPASSI	KULTA
KAPTEENI	PAPUKAIJA
HUONO	VAARA
ARPI	ROMMI
MIEHISTÖ	MIEKKA
LUOLA	RANTA
SAARI	AARRE

71 - Colori

```
I  P  U  L  Z  Y  M  V  Y  S  Z  V  H  V
F  U  K  S  I  A  A  J  D  W  D  M  A  K
H  N  C  E  Y  G  G  V  W  W  V  A  R  I
U  A  V  I  O  L  E  T  T  I  K  S  M  N
P  I  Q  A  I  I  N  T  K  B  A  I  A  D
S  N  V  K  E  L  T  A  I  N  E  N  A  I
K  E  W  C  O  R  A  N  S  S  I  I  J  G
C  N  Q  V  A  L  K  O  I  N  E  N  G  O
S  E  E  P  I  A  S  F  H  R  J  E  M  E
Y  G  H  S  P  H  R  Q  B  U  M  N  U  U
A  Q  A  P  O  C  R  I  M  S  O  N  S  M
A  U  V  C  B  U  W  E  K  K  Z  F  T  N
N  J  V  R  R  C  Q  K  Ä  E  Y  S  A  D
I  O  U  E  W  H  I  C  C  A  L  L  P  I
```

ORANSSI	INDIGO
BEIGE	MAGENTA
VALKOINEN	RUSKEA
SININEN	MUSTA
SYAANI	PUNAINEN
CRIMSON	SEEPIA
FUKSIA	VIHREÄ
KELTAINEN	VIOLETTI
HARMAA	

72 - Spiaggia

```
S  R  A  R  Q  V  H  J  K  E  P  O  C  L
S  A  R  Y  I  U  I  W  K  R  O  J  M  A
I  N  A  K  B  M  E  R  I  A  L  H  Z  L
N  N  U  R  H  G  K  T  J  P  Y  Y  H  E
I  I  R  F  I  R  K  E  V  U  U  Q  A  D
N  K  I  C  H  V  A  L  T  A  M  E  R  I
E  K  N  W  D  A  Z  A  R  M  N  O  R  O
N  O  K  O  E  L  U  K  Y  I  S  W  F  Y
E  J  O  Q  F  D  Q  K  N  E  U  I  Q  I
S  A  T  E  E  N  V  A  R  J  O  T  M  E
L  A  G  U  U  N  I  E  N  I  L  E  T  Z
E  Q  R  U  E  L  E  S  N  L  O  W  C  A
P  U  R  J  E  V  E  N  E  E  M  A  B  Q
S  A  N  D  A  A  L  I  T  Y  A  M  S  G
```

PYYHE
VENE
PURJEVENE
SININEN
RANNIKKO
TELAKKA
RAPU
SAARI
LAGUUNI

MERI
VALTAMERI
SATEENVARJO
HIEKKA
SANDAALIT
RIUTTA
AURINKO
LOMA

73 - Avventura

```
Y  K  Z  N  L  F  A  O  I  P  L  J  N  T
S  C  A  L  B  T  D  K  N  V  M  T  A  U
T  J  H  U  E  W  M  Q  N  K  W  N  V  R
Ä  J  A  O  N  P  E  Y  O  U  U  S  I  V
V  W  A  N  Q  E  L  Y  S  N  Y  J  G  A
Ä  A  S  T  U  D  U  S  T  C  I  M  O  L
L  H  T  O  V  Z  A  S  U  A  P  R  I  L
M  R  E  S  I  Z  V  J  S  Z  B  U  N  I
H  A  E  Y  L  L  Ä  T  T  Ä  V  Ä  T  S
G  D  T  T  O  I  M  I  N  T  A  Z  I  U
J  W  C  K  K  K  O  H  D  E  N  P  S  U
Y  U  W  V  A  I  K  E  U  S  E  I  J  S
E  P  Ä  T  A  V  A  L  L  I  N  E  N  Y
O  J  M  A  H  D  O  L  L  I  S  U  U  S
```

YSTÄVÄ	EPÄTAVALLINEN
TOIMINTA	MATKA
KAUNEUS	LUONTO
MAHDOLLISUUS	NAVIGOINTI
KOHDE	UUSI
VAIKEUS	HAASTEET
INNOSTUS	TURVALLISUUS
RETKI	YLLÄTTÄVÄ
ILO	

74 - Forme

```
R N P Y R A M I D I I W H Y
Q E E P S I D E S U T E Y M
B J U L N P M H D I R P P P
K I E N I E L L I P S I E Y
M B I F A Ö E P O M U D R R
O M M H P T S F I Q O T B Ä
N K K U L M A K Ä Y R Ä E K
I A O A K A A R I O A N L O
K R I F P U J Q S W K H I L
U T V Z L Z U E G F U M J M
L I N J A C S T J Y L H Y I
M O V Q U F P R I S M A H O
I M R C N T A Y S O I K E A
O S Y L I N T E R I O P S L
```

KULMA
KAARI
REUNAT
YMPYRÄ
SYLINTERI
KARTIO
KUUTIO
KÄYRÄ
ELLIPSI
HYPERBELI

SIDE
LINJA
SOIKEA
PYRAMIDI
MONIKULMIO
PRISMA
NELIÖ
SUORAKULMIO
KOLMIO

75 - Oceano

```
V H O R K I L P I K O N N A
O A T S I E N I T K K S F N
G I L C T H V E Y J O H N U
T M U A P E A N K E R I A S
C R F T S Q R R A A A P O K
F R W S C R C I L C L B Y A
V E U L Y A P U A A L T O T
M A N E T P J T Y H I T I K
Y S I Z M U S T E K A L A A
R K K M S B L A N G S U J R
S C E N L U T U N F I S K A
K Z E U K E O V E N E Z V V
Y D T D S D E L F I I N I U
T I D E V A N N A M Q G P T
```

ANKERIAS

VALAS

VENE

KORALLI

DELFIINI

KATKARAVUT

RAPU

TIDEVANN

MANET

AALTO

OSTERI

KALA

MUSTEKALA

SUOLA

RIUTTA

SIENI

HAI

KILPIKONNA

MYRSKY

TUNFISK

76 - Famiglia

```
L  I  S  Ä  H  S  V  E  L  I  I  N  Y  K
A  O  S  P  I  E  T  Y  T  Ä  R  B  P  A
P  C  Y  O  L  O  L  A  P  S  E  T  Y  K
S  E  T  Ä  I  D  I  N  M  P  O  Ä  Ä  S
I  R  W  N  C  S  O  G  O  F  R  T  I  O
M  L  V  F  D  L  Ä  C  D  F  A  I  T  S
L  V  I  S  O  Ä  I  T  I  S  D  R  I  E
E  K  W  S  C  N  L  M  I  E  S  C  R  T
Q  Z  U  B  Ä  C  A  G  H  R  H  D  H  N
V  E  L  J  E  N  P  O  I  K  A  U  D  I
A  A  Z  Y  L  L  S  I  S  K  O  O  Y  Q
I  W  D  R  N  S  U  H  O  U  Q  Z  I  F
M  J  I  L  V  B  U  C  V  O  W  S  I  U
O  Q  D  H  N  R  S  A  Y  U  N  D  T  W
```

STAMFAR	ÄIDIN
LAPSET	VAIMO
LAPSI	VELJENPOIKA
SERKKU	ISOÄITI
TYTÄR	ISOISÄ
VELI	ISÄ
KAKSOSET	ISÄN
LAPSUUS	SISKO
ÄITI	TÄTI
MIES	SETÄ

77 - Veicoli

```
R  Z  S  R  K  L  J  A  R  C  I  L  M  T
R  A  E  V  L  U  E  S  U  K  K  U  L  A
E  M  K  V  E  U  K  N  E  E  L  K  H  K
N  B  V  E  N  E  Y  A  S  B  D  K  E  S
K  U  V  H  T  G  W  B  C  T  J  V  L  I
A  L  A  M  O  T  V  S  O  J  T  S  I  D
A  A  R  M  K  M  I  H  O  D  J  A  K  B
T  N  E  E  O  G  T  N  T  F  V  H  O  U
S  S  B  T  N  O  K  C  E  C  Y  N  P  S
D  S  I  R  E  Y  T  A  R  N  Z  V  T  S
R  I  L  O  O  Y  U  T  A  U  T  O  E  I
T  R  A  K  T  O  R  I  O  C  Q  Z  R  U
L  A  U  T  T  A  U  U  Y  R  P  W  I  H
P  O  L  K  U  P  Y  Ö  R  Ä  I  J  L  E
```

LENTOKONE	METRO
AMBULANSSI	MOOTTORI
AUTO	SUKKULA
BUSSI	RENKAAT
VENE	RAKETTI
POLKUPYÖRÄ	SCOOTER
KUKA	TAKSI
HELIKOPTERI	LAUTTA
VAREBIL	TRAKTORI

78 - Emozioni

```
S  S  I  S  Ä  L  T  Ö  B  I  L  O  K  R
Y  U  M  G  R  E  N  T  O  K  M  J  I  A
P  A  U  Z  R  I  A  B  W  Ä  P  Z  I  K
E  U  H  T  A  P  Q  F  Y  V  M  K  T  K
L  T  E  A  U  H  E  L  L  Y  Y  S  O  A
K  U  L  W  H  T  U  D  S  S  Ö  T  L  U
O  U  P  M  A  C  T  V  S  T  T  Y  L  S
L  S  O  R  L  O  M  A  H  Y  Ä  L  I  R
M  L  T  Z  L  L  R  W  A  M  T  L  N  Y
H  Y  U  I  I  E  A  R  H  I  U  Ä  E  P
B  J  S  K  N  C  U  H  E  N  N  T  N  P
R  T  N  M  E  A  H  Z  K  E  T  Y  G  V
D  D  F  U  N  E  A  M  E  N  O  S  Z  M
Y  S  T  Ä  V  Ä  L  L  I  S  Y  Y  S  E
```

RAKKAUS	RAUHA
AUTUUS	PELKO
RAUHALLINEN	SUUTUTTAA
SISÄLTÖ	RENTO
YSTÄVÄLLISYYS	HELPOTUS
ILO	MYÖTÄTUNTO
KIITOLLINEN	YLLÄTYS
IKÄVYSTYMINEN	HELLYYS

79 - Natura

```
U G H P G K W H N D M Q Q R
P P V I L L I E M Y E B I A
S M E L E H T I E N H P Z U
R U R V U O R E T A I J T H
E N O I F O V P S A L I R A
E N O J K V B Z Ä M Ä P O L
E P S J A S U M U I I Y O L
Z I I O A A K F B N N H P I
G N O K B Q V G A E E Ä P N
E L Ä I M E T I B N N K I E
K A U N E U S F K O H K N N
J Ä Ä T I K K Ö M K Y Ö E K
A R K T I N E N I R O S N L
F T Ä R K E Ä I J A Q L R V
```

ELÄIMET	JÄÄTIKKÖ
MEHILÄINEN	VUORET
ARKTINEN	SUMU
KAUNEUS	PILVI
AAVIKKO	SUOJA
DYNAAMINEN	PYHÄKKÖ
EROOSIO	VILLI
JOKI	RAUHALLINEN
LEHTIEN	TROOPPINEN
METSÄ	TÄRKEÄ

80 - Balletto

```
T Y Y L I V Z L L S L P H R
T A K R T W B Q I Ä S N A P
A N I Y H M G I H V Y U R K
N F Q T A I T O A E D Z J O
S M L M E U H R K L I B O R
S I U I D E E T S T B A I E
I D G S L B L Y E Ä H L T O
J Y L E I S Ö L T J E L E G
A G K N B I R Q I Ä I E L R
T D M D J R K S T N Y R L A
W J H Y J Y S K J Y E I A F
I L M E I K Ä S I C I N M I
O R K E S T E R I S E A P A
I N T E N S I T E E T T I S
```

TAITO
TAITEELLINEN
BALLERINA
TANSSIJAT
SÄVELTÄJÄ
KOREOGRAFIA
ILMEIKÄS
ELE

INTENSITEETTI
LIHAKSET
MUSIIKKI
ORKESTERI
HARJOITELLA
YLEISÖ
RYTMI
TYYLI

81 - Castelli

```
S E M T O R N I J Q F P P T
F Q I P A L A T S I Ø A R V
I W E N U O P Q K Y Y N I N
W P K G L H R W O V D S N Q
J T K T I I E A N D A S S W
L A A H N K K D G H L A E J
K R F T N Ä I Y E E V R S A
L O B U O Ä O N R V Z I S L
K I L P I R H A I O K D A O
I E M R T M I S K N A W S T
R Q Q Q U E K T E E B D E N
P R I N S S I I A N K Q I W
E M P I R E Z A K R U U N U
K A T A P U L T T I I U Ä A
```

PANSSARI
KATAPULTTI
RITARI
HEVONEN
KRUUNU
DYNASTIA
LOHIKÄÄRME
FØYDAL
LINNOITUS
EMPIRE

JALO
PALATSI
SEINÄ
PRINSSI
PRINSESSA
KONGERIKE
KILPI
MIEKKA
TORNI

82 - Campionato

```
H  N  J  T  M  P  E  L  I  T  L  H  K  R
D  I  E  U  E  E  Q  A  P  T  I  B  E  M
V  T  K  T  Y  O  S  W  R  E  I  A  S  F
C  E  S  I  T  Y  S  T  I  G  G  O  T  I
M  V  O  I  T  T  O  B  A  L  A  Y  Ä  N
S  T  G  M  K  S  T  J  I  R  T  M  V  A
M  O  T  I  V  A  A  T  I  O  U  Y  Y  L
T  L  T  T  U  R  N  A  U  S  O  U  Y  I
M  N  D  K  B  R  D  C  B  W  M  I  S  S
M  I  T  A  L  I  H  V  B  H  A  B  S  T
M  Y  P  F  F  P  Y  E  C  H  R  E  L  I
V  S  T  R  A  T  E  G  I  A  I  M  L  W
M  E  S  T  A  R  I  A  E  L  F  N  I  Z
V  A  L  M  E  N  T  A  J  A  U  L  H  K
```

VALMENTAJA	ESITYS
MESTARUUS	KESTÄVYYS
MESTARI	URHEILU
FINALISTI	TIIMI
PELIT	STRATEGIA
TUOMARI	HIKI
LIIGA	TURNAUS
MITALI	VOITTO
MOTIVAATIO	

83 - Foresta Pluviale

```
E O R H S K H S S A M M A L
N L F I Ä G R U T E V Y J U
T L A J I T E U W S I G S O
I U U C L B Q N O R I T J N
S K P A Y I S T L Q D O F T
Ö D A G T O N A R O A F A O
I J I B T N I S Ä K K Ä Ä T
N Q L Y Ä Y H I E I K L M K
T P M Y M B H Y Y K O G A L
I I A W I Y T T A R T F D F
L L S N N G Q R E S P E K T
R V T N E L R S I I P R R P
A I O P N L I N T U S A H E
N P C M A R V O K A S Ö O Z
```

ILMASTO
YHTEISÖ
VIIDAKKO
INSEKTER
NISÄKKÄÄT
SAMMAL
LUONTO
PILVI

SÄILYTTÄMINEN
ARVOKAS
ENTISÖINTI
SUUNTA
RESPEKT
LAJIT
LINTU

84 - Edifici

```
O E T L A B O R A T O R I O
L B H E B B F E T E K H H T
Ä S S U A E N S O H E O U E
H A B E K T P T R D M S O L
E I T S R T T W N A L T N T
T R F U C V J E I S I E E T
Y A K E B A A S R J N L I A
S A S E E O P T K I N L S B
T L T J M L A T O U A I T P
Ö A A B R Z O P U R D C O W
G O D M Z G Q K L N I J O U
T V I M Ö K K I U Z R O Q L
K Z O M U S E O G V M G R U
R J N H O T E L L I A V D B
```

LÄHETYSTÖ
HUONEISTO
MÖKKI
LINNA
ELOKUVA
TEHDAS
LATO
HOTELLI
LABORATORIO

MUSEO
SAIRAALA
OBSERVATORIO
HOSTELLI
KOULU
STADION
TEATTERI
TELTTA
TORNI

85 - Paesi #2

```
Q M V E N Ä J Ä J N I U P U
C K D K T N E P A L A O S K
P R C Q P I T A P B V U I R
L E G V G G O H A I T I N A
G I Q E Q E B P N R M H D I
I K B I M R J A I L E W O N
C K T E A I J K P A K U N A
P A D E R A A I G N S O E E
N K J Z W I M S Y T I T S E
T A N S K A A T U I K P I O
L A L B A N I A A D O H A N
B I J U M H K N U G A N D A
S Y Y R I A A A R G Y N P B
Z N A J Z N P W B T I Z D E
```

ALBANIA
TANSKA
ETIOPIA
JAMAIKA
JAPANI
KREIKKA
HAITI
INDONESIA
IRLANTI
LAOS

LIBERIA
MEKSIKO
NEPAL
NIGERIA
PAKISTAN
VENÄJÄ
SYYRIA
SUDAN
UKRAINA
UGANDA

86 - Tipi di Capelli

```
I  V  K  T  S  V  V  C  P  P  W  Y  R  R
M  P  P  E  H  M  E  Ä  I  U  A  K  G  U
K  A  E  R  K  N  W  V  T  N  P  K  F  U
U  I  O  V  P  I  Q  F  K  O  U  Q  S  W
I  H  H  E  Q  S  H  B  Ä  T  N  Z  I  U
V  C  U  A  P  H  M  A  F  T  O  A  L  K
A  G  T  D  R  I  U  H  R  U  S  I  E  C
K  A  L  J  U  A  S  E  V  A  B  A  Ä  G
P  K  Y  U  S  S  T  H  O  P  E  A  R  P
Z  I  H  S  K  H  A  R  M  A  A  Y  S  G
P  Y  Y  Z  E  V  A  L  K  O  I  N  E  N
H  C  T  T  A  O  Y  F  T  T  F  A  E  N
V  Ä  R  I  L  L  I  N  E  N  S  O  L  P
N  D  P  Y  N  N  G  V  A  A  L  E  A  F
```

HOPEA	PITKÄ
KUIVA	RUSKEA
VALKOINEN	PEHMEÄ
VAALEA	MUSTA
LYHYT	KIHARA
KALJU	KIHARAT
VÄRILLINEN	TERVE
HARMAA	OHUT
PUNOTTU	PAKSU
SILEÄ	PUNOS

87 - Vestiti

```
T  H  A  M  E  T  O  E  U  A  M  H  M  H
G  O  R  V  I  L  L  A  P  A  I  T  A  A
U  U  M  K  A  U  L  A  K  O  R  U  W  T
K  S  B  V  R  S  A  N  D  A  A  L  I  T
H  U  Å  Z  Y  M  H  T  Z  A  F  K  L  U
P  T  N  D  N  Ö  Z  A  P  Y  J  A  M  A
A  U  D  I  S  V  F  K  S  M  Z  Y  N  K
I  J  S  U  K  A  T  K  Q  R  B  Y  Y  Ä
T  G  K  E  N  K  Ä  I  H  M  S  O  F  S
A  H  D  S  R  E  S  I  L  I  I  N  A  I
M  U  O  T  I  O  D  L  R  C  L  L  R  N
H  R  H  U  I  V  I  G  C  D  M  U  K  E
M  P  F  R  O  Y  P  F  W  Y  Z  N  U  E
M  E  K  K  O  V  R  Y  E  A  I  A  T  T
```

MEKKO	ESILIINA
ARMBÅND	KÄSINEET
SUKAT	FARKUT
PUSERO	VILLAPAITA
PAITA	MUOTI
HATTU	HOUSUT
VYÖ	PYJAMA
KAULAKORU	SANDAALIT
TAKKI	KENKÄ
HAME	HUIVI

88 - Attività e Tempo Libero

```
T A I D E Z Y H Q C F M L N
L K S H C S P A Z K V A Z Y
A O U J R T J R I J R T B R
I R K A E L Z R O P B K O K
N I E L N E M A A L A U S K
E P L K T N V S K T S S T E
L A L A O T A T A E E T O I
A L U P U O E U L N B A K L
U L S A T P L K A N A A S Y
T O G L T A L S S I L O E G
A J D L A L U E T S L J T O
I R N O V L S T U I M A O L
L V G T A O I M S O Z J P F
U U Y C A M P I N G I D B H
```

TAIDE
BASEBALL
KORIPALLO
NYRKKEILY
JALKAPALLO
CAMPING
VAELLUS
GOLF
HARRASTUKSET
SUKELLUS

UIMA
LENTOPALLO
KALASTUS
MAALAUS
RENTOUTTAVA
OSTOKSET
LAINELAUTAILU
TENNIS
MATKUSTAA

89 - Tecnologia

```
T  I  E  D  O  T  N  P  P  R  S  B  S  Y
U  V  Q  L  C  B  H  Ä  B  A  Y  Q  K  B
T  I  L  A  S  T  O  T  Y  G  H  M  F  R
K  R  T  K  F  R  R  Z  U  T  A  V  U  A
I  T  I  U  O  N  W  R  C  Z  T  E  B  N
M  U  E  R  N  M  S  J  F  Y  R  Ö  P  U
U  A  D  S  T  T  I  E  T  O  K  O  N  E
S  A  O  O  T  Q  N  B  L  O  G  I  C  G
V  L  S  R  I  A  T  F  K  A  M  E  R  A
I  I  T  I  V  I  E  S  T  I  I  M  T  Z
R  N  O  T  C  Z  R  A  F  V  F  N  T  O
U  E  J  Z  S  T  N  M  Q  J  A  Q  T  L
S  N  I  O  H  J  E  L  M  I  S  T  O  L
I  J  D  I  G  I  T  A  A  L  I  N  E  N
```

BLOGI	INTERNET
SELAIN	VIESTI
TAVUA	TUTKIMUS
TIETOKONE	NÄYTTÖ
KURSORI	OHJELMISTO
TIEDOT	TILASTOT
DIGITAALINEN	KAMERA
TIEDOSTO	VIRTUAALINEN
FONTTI	VIRUS

90 - Arte

```
M K V A L K V H N C A I H E
I I E R U N O U S E L R K M
E N I O O I Q A C Y K E K O
L F S C D S S L K K U H F N
I C T P A U I N P O P E H I
A W O Z I R Z D N O E L N M
L A S Z I R D Z M S R L T U
A P D A F E E I W T Ä I I T
P J T P D A I R E U I N L K
S Y M B O L I F T M N E M A
Q E I K V I J L N U E N A I
S R G Z F S Q K L S N H I N
W I S C H M K U V A T A S E
U R T A T I B Z L N U B U N
```

MONIMUTKAINEN
KOOSTUMUS
LUODA
ILMAISU
INSPIRERT
REHELLINEN
ALKUPERÄINEN

RUNOUS
KUVATA
VEISTOS
SYMBOLI
AIHE
SURREALISMI
MIELIALA

91 - Meteo

```
M  S  U  M  U  S  P  T  S  A  L  A  M  A
O  H  K  M  I  N  I  R  E  S  Ä  T  I  K
N  Z  K  Y  W  F  L  O  O  A  M  O  L  U
S  I  O  R  R  Y  V  O  A  T  P  R  M  I
U  F  N  S  F  K  I  P  I  E  Ö  N  A  V
U  F  E  K  N  B  U  P  K  E  T  A  S  U
N  T  N  Y  I  J  L  I  Z  N  I  D  T  U
I  T  A  W  J  Ä  Ä  N  V  K  L  O  O  S
N  W  U  I  D  Q  T  E  L  A  A  P  E  M
H  C  J  U  V  M  B  N  T  A  C  F  U  P
W  T  P  G  L  A  J  A  H  R  O  C  N  E
P  O  L  A  R  I  S  Y  O  I  N  A  A  Q
H  U  R  R  I  K  A  A  N  I  N  J  T  V
R  A  U  H  A  L  L  I  N  E  N  N  C  I
```

SATEENKAARI	POLAR
KUIVA	KUIVUUS
RAUHALLINEN	LÄMPÖTILA
TAIVAS	MYRSKY
ILMASTO	TORNADO
SALAMA	TROOPPINEN
JÄÄN	UKKONEN
MONSUUNI	HURRIKAANI
SUMU	TUULI
PILVI	

92 - Corpo Umano

```
S  U  U  H  A  A  H  G  V  Y  O  V  T  T
O  Y  C  R  K  T  I  H  O  S  M  G  V  U
R  S  D  I  Y  I  K  V  H  T  R  K  S  E
M  I  W  Ä  Y  S  Ä  P  O  L  V  I  B  Z
I  L  N  E  N  Ä  S  P  F  T  M  P  N  D
H  M  G  P  Ä  I  I  B  Y  C  L  U  P  Y
I  Ä  A  K  R  O  L  K  A  P  Ä  Ä  Ä  O
L  Z  E  A  P  U  E  K  L  C  V  H  Ä  B
C  F  O  U  Ä  D  U  V  K  V  V  Y  M  Y
E  G  Y  L  Ä  K  K  E  K  A  H  M  P  G
K  K  E  A  F  H  A  R  R  T  A  J  Q  Z
R  K  O  R  V  A  Y  I  C  S  J  B  S  Q
K  J  A  L  K  A  S  C  T  A  A  S  R  Z
P  B  V  H  N  A  C  G  K  A  S  V  O  T
```

SUU	KÄSI
NILKKA	LEUKA
AIVOT	NENÄ
KAULA	SILMÄ
SYDÄN	KORVA
SORMI	IHO
KASVOT	VERI
JALKA	OLKAPÄÄ
POLVI	VATSA
KYYNÄRPÄÄ	PÄÄ

93 - Mammiferi

```
E  N  I  A  Y  P  Y  F  I  I  R  S  V  V
L  A  M  M  A  S  R  J  J  Y  I  J  K  H
S  U  S  I  V  O  C  S  S  J  C  J  G  O
Z  L  U  M  I  K  I  S  S  A  P  I  N  A
H  V  Z  A  T  E  A  V  A  L  A  S  K  M
K  E  N  G  U  R  U  R  M  N  V  I  E  K
A  B  V  H  Ä  R  K  Ä  H  M  Q  G  T  O
N  T  G  O  R  I  L  L  A  U  G  U  T  I
I  F  B  Y  N  O  R  S  U  P  O  Q  U  R
N  D  J  S  A  E  D  K  S  E  E  P  R  A
D  E  L  F  I  I  N  I  U  W  Z  U  P  B
L  E  I  J  O  N  A  G  B  Z  F  W  R  S
G  J  B  K  O  J  O  O  T  T  I  E  D  A
K  I  R  A  H  V  I  Y  P  S  G  D  P  B
```

VALAS	KIRAHVI
KOIRA	GORILLA
KENGURU	LEIJONA
HEVONEN	SUSI
PEURA	KARHU
KANI	LAMMAS
KOJOOTTI	APINA
DELFIINI	HÄRKÄ
NORSU	KETTU
KISSA	SEEPRA

94 - Arrampicata

```
V A M M A W M A Z R I N M Z
H A A S T E E T Y K M A A O
K Ä S I N E E T Y O F G H K
O W W I V M R I U R C U G Y
U P W V A A K S E K R H I T
L K S W K N E H L E R F S V
U D C L A N T L I U E N Z A
T D H P U L P U L S O J U H
U L B F S A H S N U N L U V
S A N K Y P Ä R Ä T S C A U
I L M A I N E N U Q I K T U
S A A P P A A T R T C J I S
V K B E F Y Y S I N E N A S
N S K A R T T A P R B B M O
```

KORKEUS
ILMAINEN
KYPÄRÄ
VAELLUS
ASIANTUNTIJA
FYYSINEN
KOULUTUS
VAHVUUS
LUOLA

KÄSINEET
VAMMA
KARTTA
HAASTEET
VAKAUS
SAAPPAAT
KAPEA
MAA

95 - Animali Domestici

```
H  B  V  Q  O  K  K  A  L  A  O  J  P  P
B  N  M  Z  H  I  H  N  A  P  L  J  E  A
I  Q  O  R  Q  S  E  M  Y  G  Z  E  N  P
K  A  U  L  U  S  S  J  W  B  O  A  T  U
I  D  Q  V  H  A  M  S  T  E  R  I  U  K
L  E  L  Ä  I  N  L  Ä  Ä  K  Ä  R  I  A
P  B  S  A  I  R  K  I  B  N  O  M  Q  I
I  Q  N  S  R  U  P  A  E  U  E  I  G  J
K  A  N  I  I  O  Y  L  T  O  V  C  R  A
O  Q  I  O  W  K  R  I  V  T  E  U  S  A
N  V  N  W  T  A  S  S  E  U  U  I  Z  N
N  L  E  H  M  Ä  T  K  S  G  O  N  I  O
A  L  D  Q  H  B  Ö  O  I  P  N  H  G  Y
T  A  S  S  U  T  M  G  T  Z  E  L  I  E
```

VESI	KISSA
KOIRA	HIHNA
VUOHI	LISKO
RUOKA	LEHMÄ
PYRSTÖ	PAPUKAIJA
KAULUS	KALA
KANI	KILPIKONNA
HAMSTERI	HIIRI
PENTU	ELÄINLÄÄKÄRI
KATTUNGE	TASSUT

96 - Cucina

```
Y L K P U R K K I S K V S O
M A A A J H A H I L U E Y M
K U T J N Y F C S U L I Ö D
A T T S Ä N Z U H S H T M E
U A I I H Ä U U N I O S Ä S
H S L E H O K G D K B E P I
A L A N W I O A P A R T U L
E I R I P T U F A T C J I I
Q I L E L E O L M P L D K I
U N Z O S T Z E J W P G O N
H A R Q G E G R I L L I T A
R U O K A H P K U P I T Q B
I O B M A U S T E E T K D A
P A K A S T I N I F I I L E
```

SYÖMÄPUIKOT   JÄÄKAAPPI
KATTILA   ESILIINA
KANNU   GRILLI
RUOKA   KAUHA
KULHO   RESEPTI
VEITSET   MAUSTEET
PAKASTIN   SIENI
LUSIKAT   KUPIT
GAFLER   LAUTASLIINA
UUNI   PURKKI

97 - Vacanze #2

```
T S A M L V I I S U M I K C
E Y D D U R A V I N T O L A
L B S B F H M P R F U S R M
T O F V T W S I A V K Q W P
T K M Y H K G B N S M E R I
A U N A A K A A T O S I M N
K V E E V O W R A M E I O G
S A T H N U D Z T A K S I K
O T K Y A L T P G T K F G O
E T F N R U T E Q K A U P H
K U L J E T U S V A P A A D
D L T H O T E L L I R N M E
S K R E S A A R I V R D V W
U L K O M A A L A I N E N L
```

LUFTHAVN
CAMPING
KOHDE
KUVAT
HOTELLI
SAARI
KARTTA
MERI
PASSI
RAVINTOLA

RANTA
ULKOMAALAINEN
TAKSI
VAPAA
TELTTA
KULJETUS
KOULUTTAA
LOMA
MATKA
VIISUMI

98 - Attività

```
Y A C V H O T O I M I N T A
K A L A S T U S V A P A A H
D V E Y U B L M I A M B S R
M V A E L L U S P L G U M H
K E R A M I I K K A P B V A
T N T F V A L O K U V A U S
A E P S I S O I M S Y W W V
I E S E Ä L U K E M I N E N
D T Q Q L S T A I K A U H Y
E W Z G Y I T C A M P I N G
E F M U G G T Y O M P E L U
K T A I T O K G S U I J G P
N S U Y P N V H Z A N H C L
R E N T O U T U M I N E N R
```

TAITO
TAIDE
VENEET
TOIMINTA
METSÄSTYS
CAMPING
KERAMIIKKA
OMPELU
VAELLUS
VALOKUVAUS

PELIT
ETU
LUKEMINEN
TAIKA
KALASTUS
ILO
MAALAUS
RENTOUTUMINEN
VAPAA

99 - Forniture Artistiche

```
M  O  F  K  T  I  P  Z  D  H  U  S  A  L
U  A  B  M  O  F  D  A  V  E  V  G  K  U
S  L  A  P  D  V  U  E  P  K  Q  T  V  O
T  D  O  L  K  Y  N  Ä  O  E  F  V  A  V
E  Y  G  W  A  J  Q  K  Y  I  R  E  R  U
L  I  I  M  A  U  G  A  F  F  T  I  E  U
M  A  A  L  I  T  S  A  V  I  U  A  L  S
S  U  A  V  L  T  U  T  K  E  O  I  L  B
V  M  K  A  M  E  R  A  E  L  L  W  I  E
V  Ä  R  I  P  Ö  Y  T  Ä  L  I  R  T  K
E  T  Y  N  H  L  J  M  J  R  I  N  A  J
S  M  Y  D  O  J  Q  G  V  W  W  N  Q  J
I  E  L  P  Y  Y  H  E  K  U  M  I  E  Q
M  Y  I  H  A  R  J  A  T  K  K  Z  F  F
```

VESI	IDEOITA
AKVARELLIT	MUSTE
AKRYYLI	KYNÄ
SAVI	ÖLJY
PAPERI	TUOLI
MAALAUSTELINE	HARJAT
LIIMA	PÖYTÄ
VÄRI	KAMERA
LUOVUUS	MAALIT
PYYHEKUMI	

100 - Misurazioni

```
D E S I M A A L I A P K S Z
P U H U M K Q H W H A O Y U
S E N T T I M E T R I R V Q
W E P T O L I T R A N K Y E
L M J T N O T D M M O E Y O
G S I A N M T S C T A U S K
L A Z V I E A F J U N S S I
Y E S U N T R R H U V Y S O
A L V T Y R I I B M F J W A
E S C E E I D G R A M M A Q
Y U V B Y M I N U U T T I C
C I V L D S P I T U U S P O
K I L O G R A M M A F B P D
T I L A V U U S W H V D S Z
```

KORKEUS	PITUUS
TAVU	MASSA
SENTTIMETRI	MITTARI
KILOGRAMMA	MINUUTTI
KILOMETRI	UNSSI
DESIMAALI	PAINO
ASTE	TUUMA
GRAMMA	SYVYYS
LEVEYS	TONNI
LITRA	TILAVUUS

1 - Scacchi

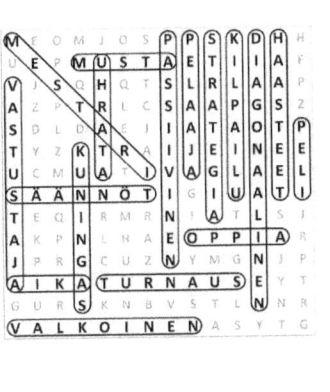

2 - Aggettivi #2

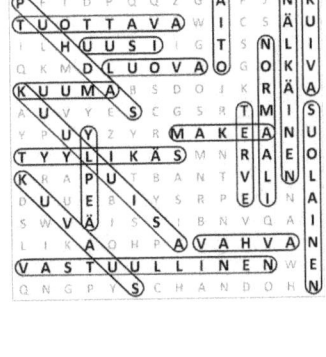

3 - Mobili

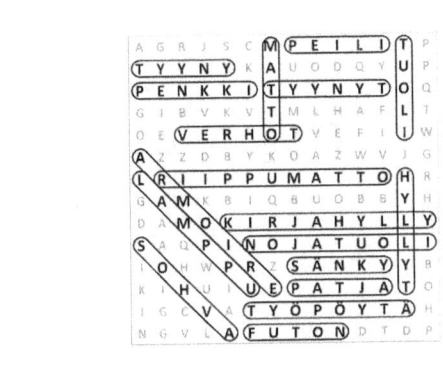

4 - Pesca

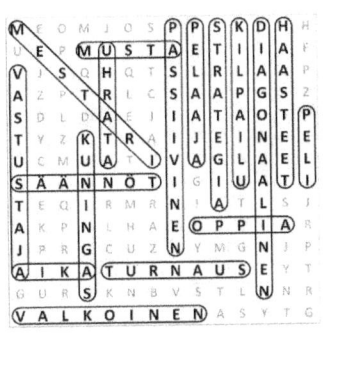

5 - Aggettivi #1

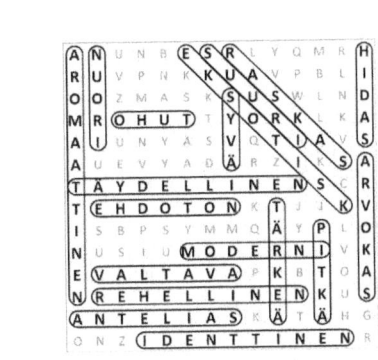

6 - Geologia

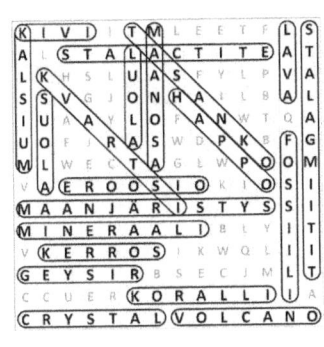

7 - Campeggio

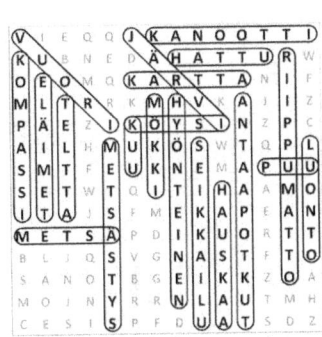

8 - Arti Visive

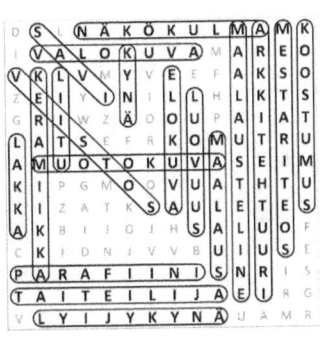

9 - Esplorazione

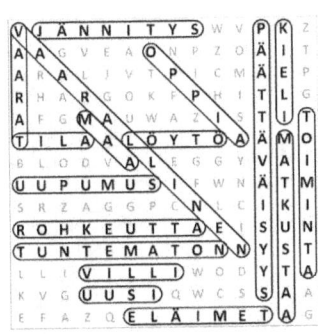

10 - Tempo

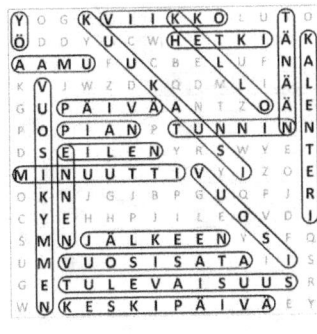

11 - Astronomia

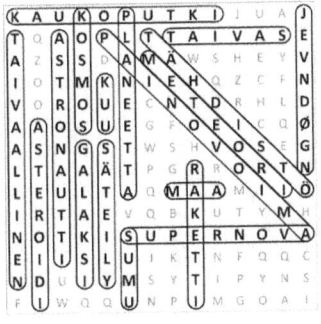

12 - Circo

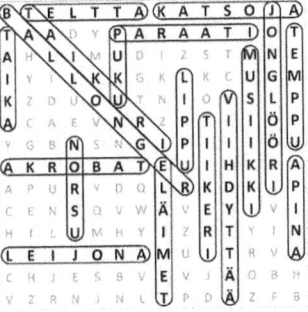

13 - Mitologia

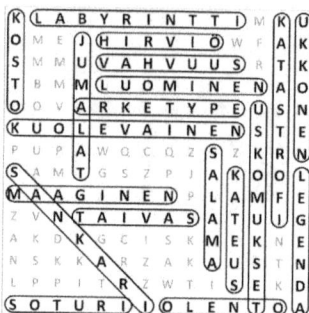

14 - Piante

15 - Spezie

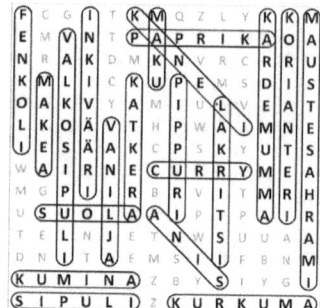

16 - Numeri

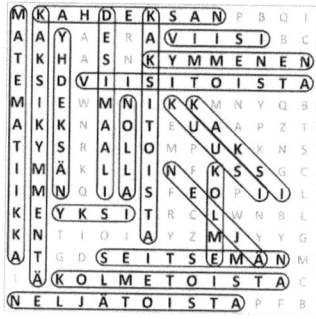

17 - Cioccolato

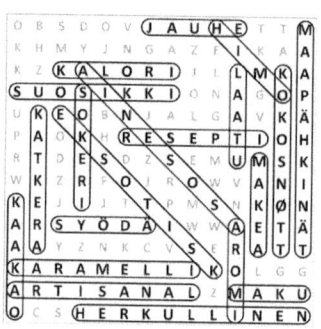

18 - Guida

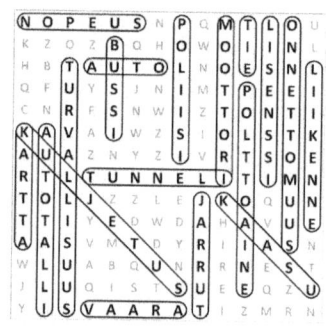

19 - Sport

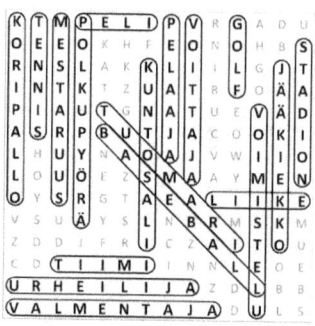

20 - Giocattoli

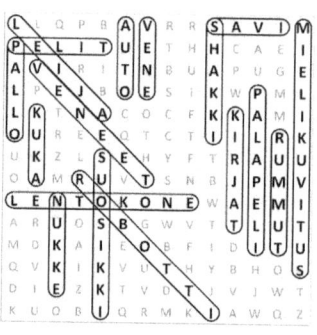

21 - Uccelli

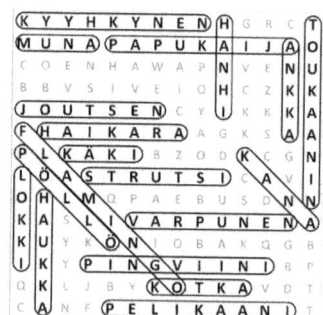

22 - Giorni e Mesi

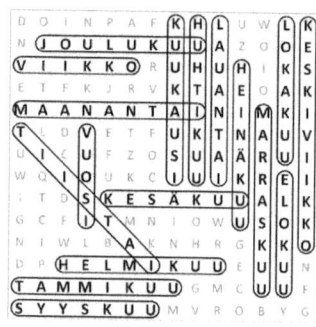

23 - Casa

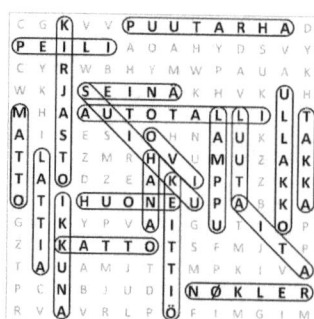

24 - Ristorante #1

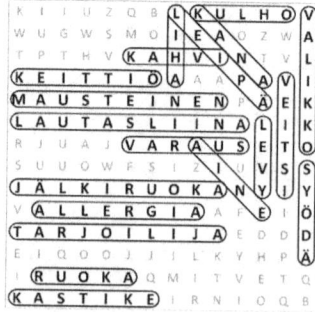

25 - Fantascienza

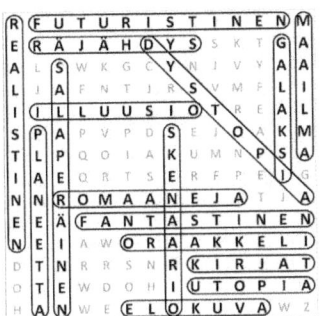

26 - Città

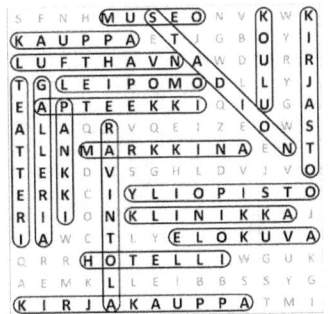

27 - Virtù #1

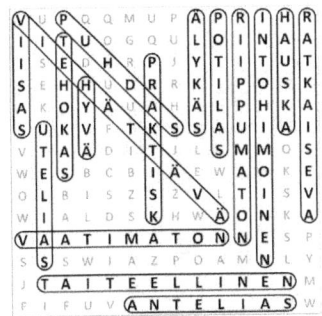

28 - Compleanno

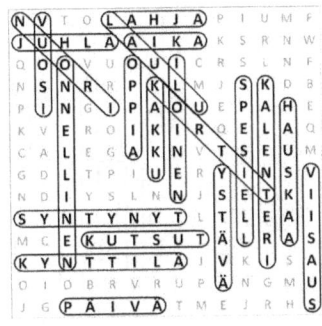

29 - Fattoria #1

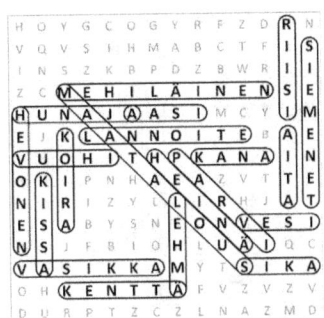

30 - Paesaggi

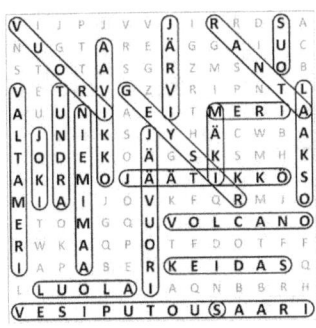

31 - Ristorante #2

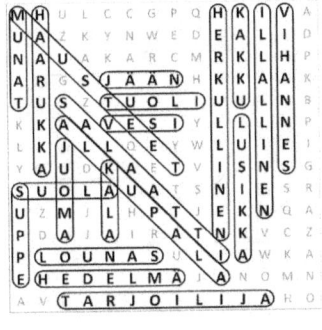

32 - Giardino

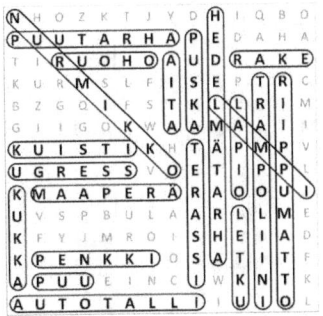

33 - Frutta

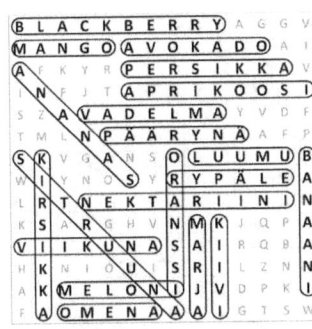

34 - Fattoria #2

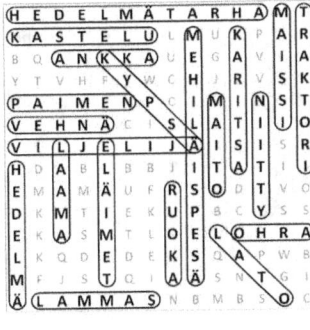

35 - Dinosauri

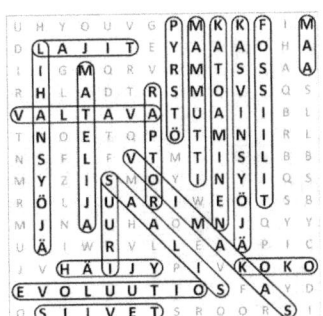

36 - Verdure

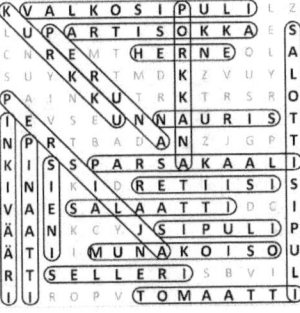

37 - Scuola #2

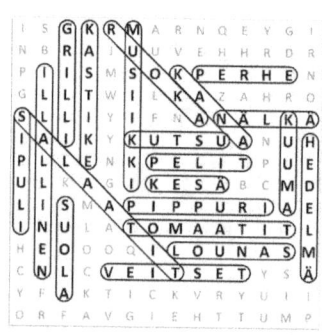

38 - Barbecue

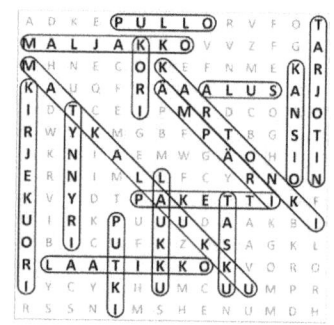

39 - Riempire

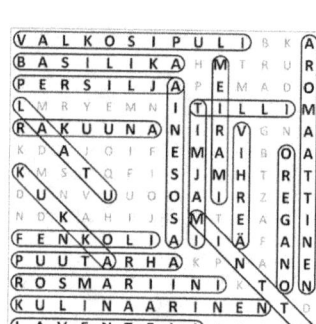

40 - Insetti

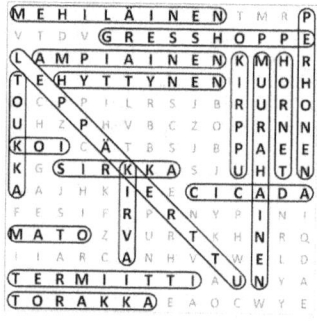

41 - Erboristeria

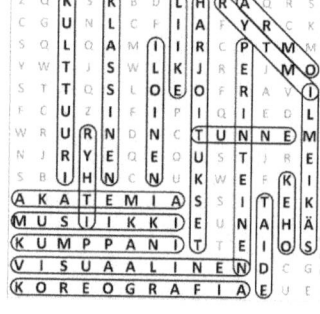

42 - Danza

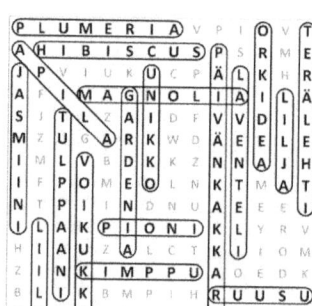

43 - Scuola #1

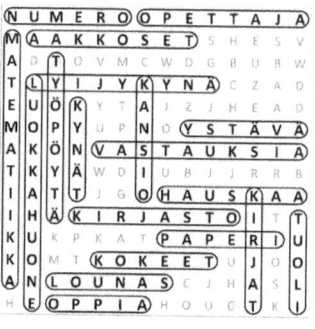

44 - Fiori

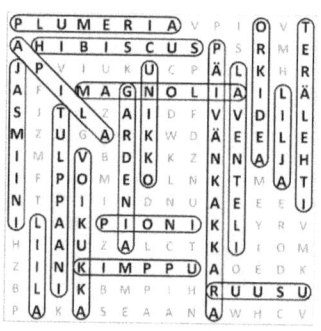

45 - Ecologia

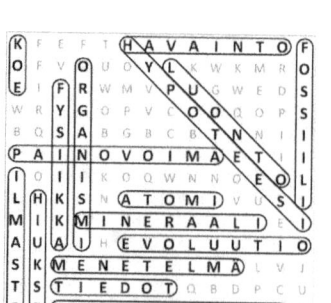

46 - Discipline Scientifiche

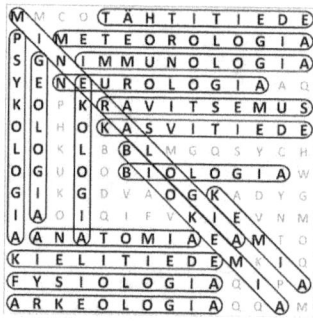

47 - Scienza

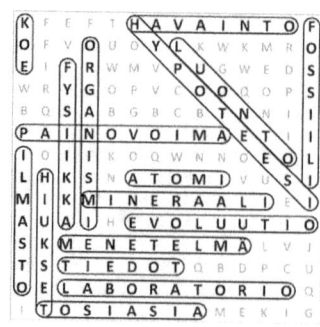

48 - Acqua

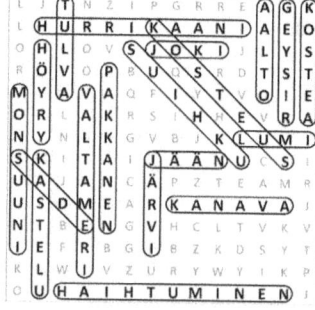

49 - Gatti

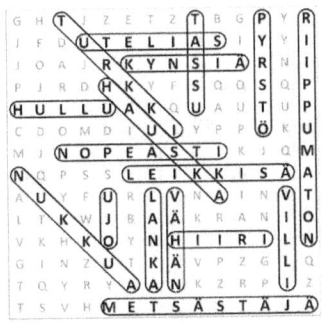

50 - Surf

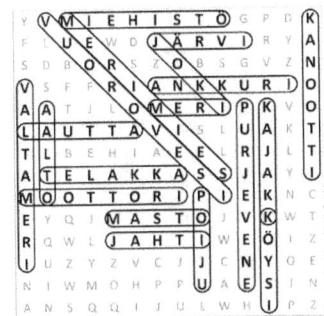

51 - Imbarcazioni

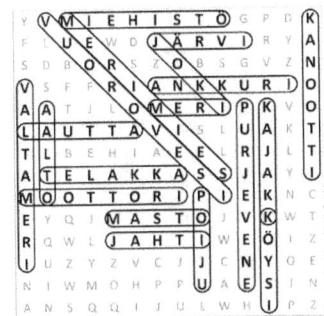

52 - Api

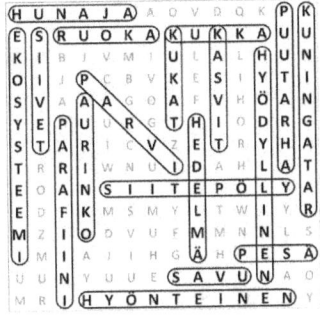

53 - Conservazione

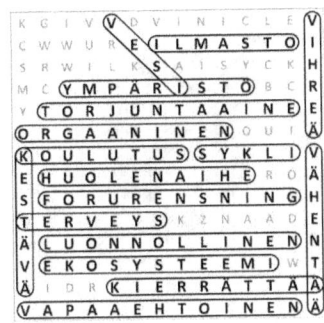

54 - Strumenti Musicali

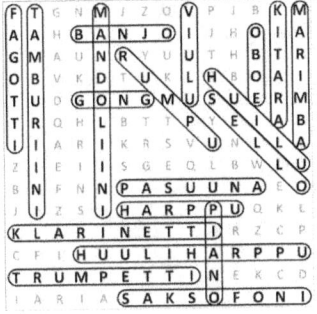

55 - Professioni #2

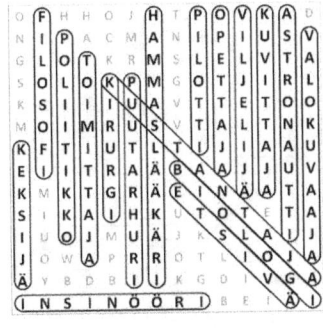

56 - Letteratura

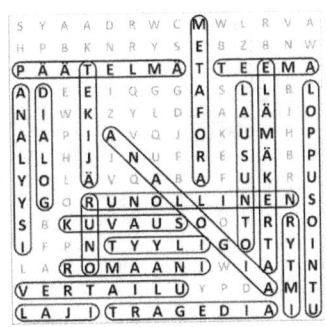

57 - Cibo #2

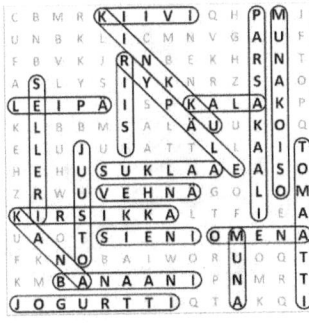

58 - Nutrizione

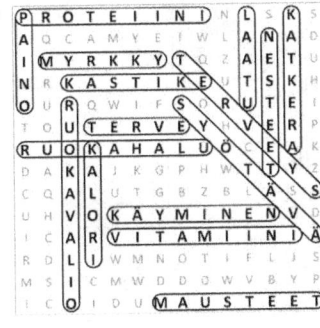

59 - Matematica

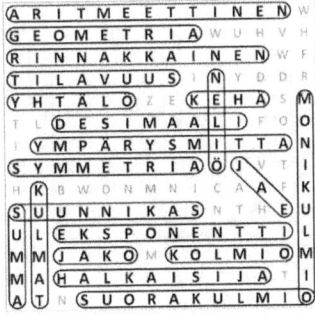

60 - Bagno

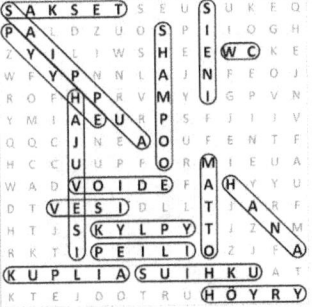

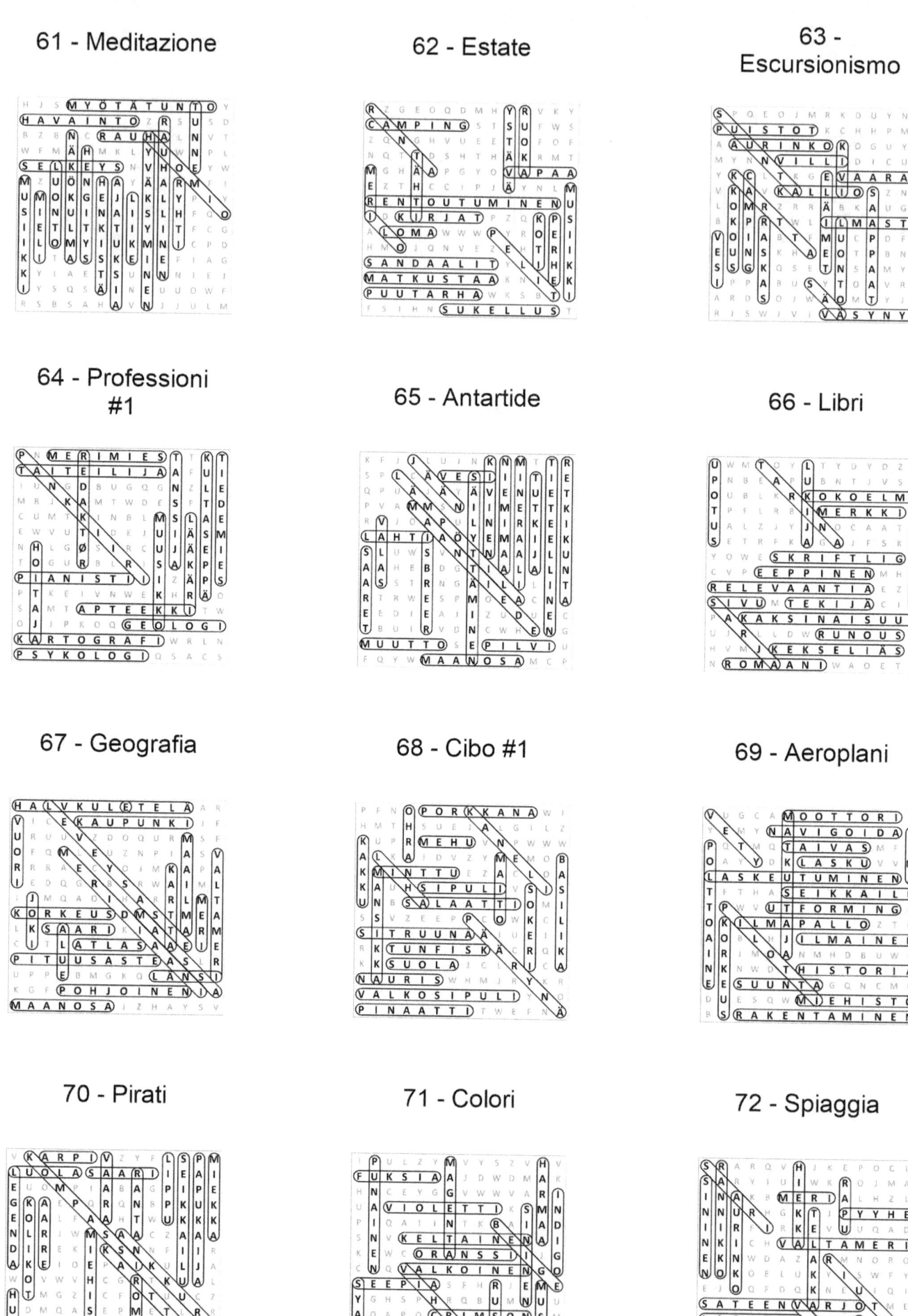

61 - Meditazione

62 - Estate

63 - Escursionismo

64 - Professioni #1

65 - Antartide

66 - Libri

67 - Geografia

68 - Cibo #1

69 - Aeroplani

70 - Pirati

71 - Colori

72 - Spiaggia

73 - Avventura

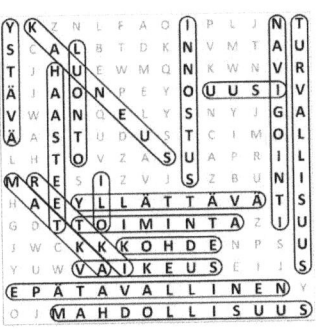

74 - Forme

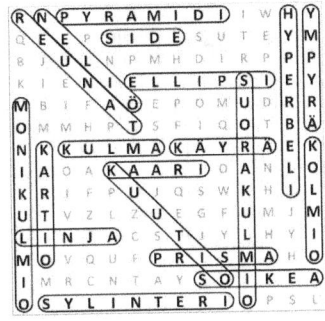

75 - Oceano

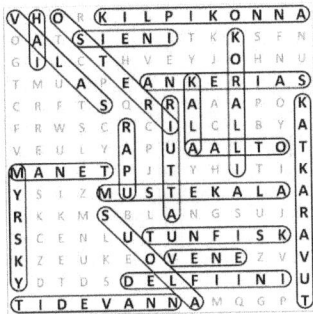

76 - Famiglia

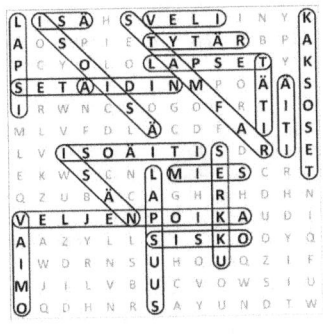

77 - Veicoli

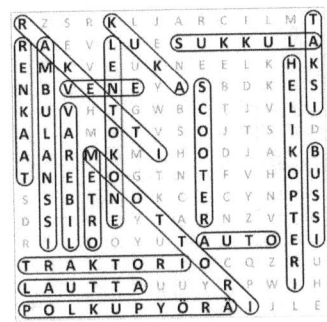

78 - Emozioni

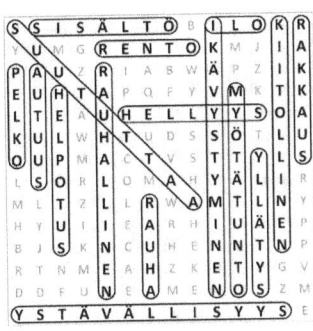

79 - Natura

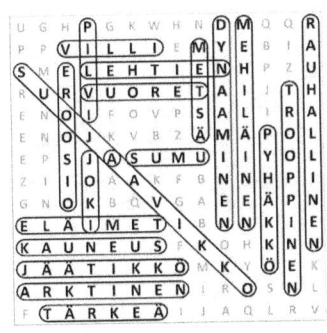

80 - Balletto

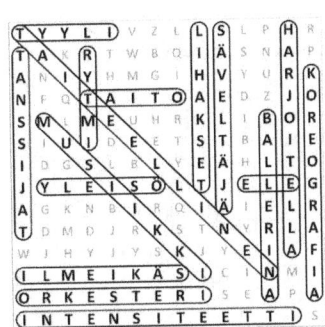

81 - Castelli

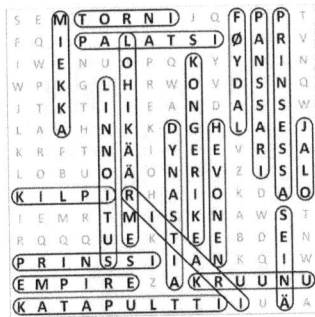

82 - Campionato

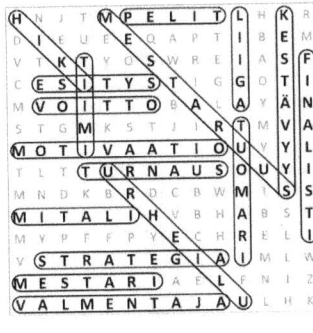

83 - Foresta Pluviale

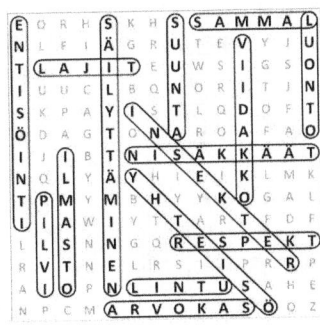

84 - Edifici

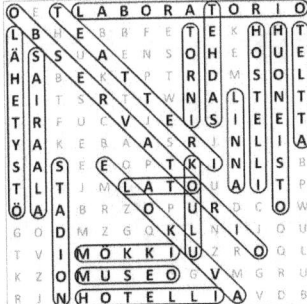

85 - Paesi #2

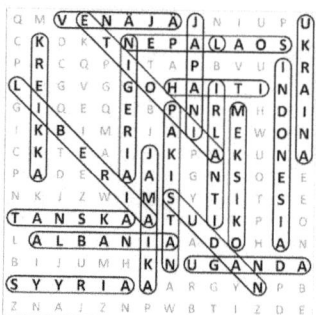

86 - Tipi di Capelli

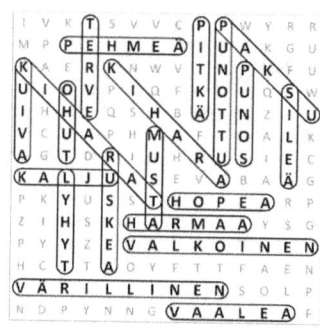

87 - Vestiti

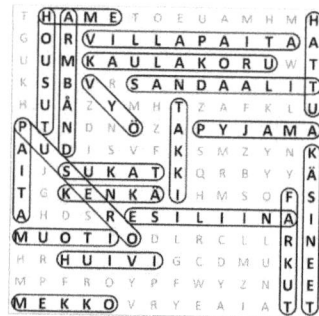

88 - Attività e Tempo Libero

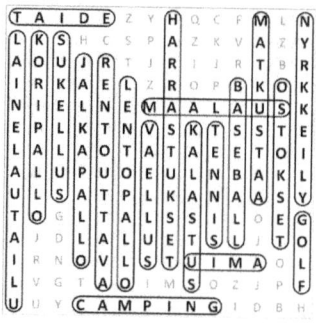

89 - Tecnologia

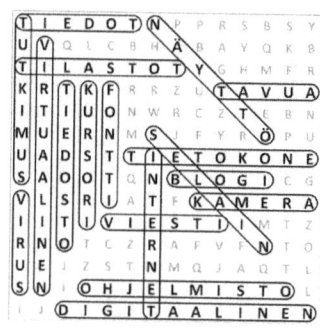

90 - Arte

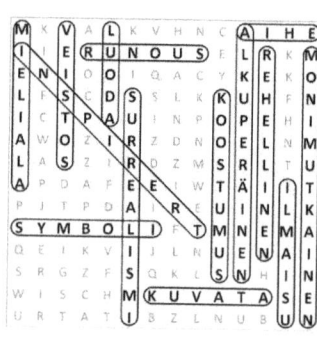

91 - Meteo

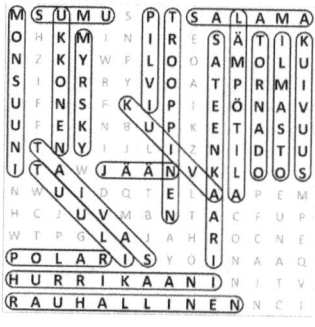

92 - Corpo Umano

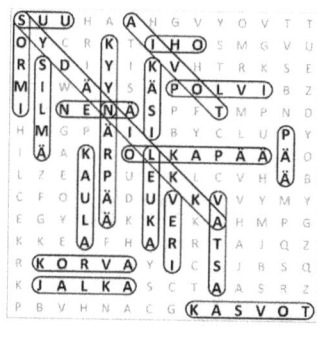

93 - Mammiferi

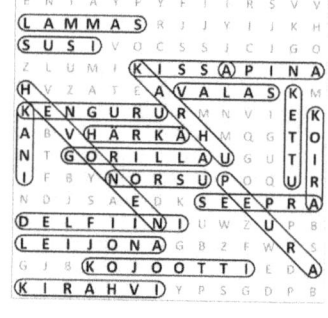

94 - Arrampicata

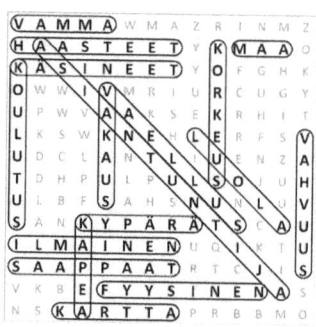

95 - Animali Domestici

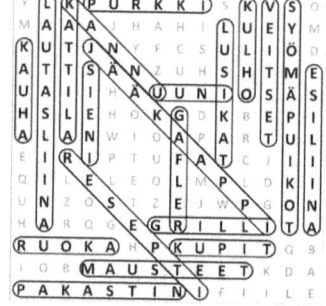

96 - Cucina

97 - Vacanze #2

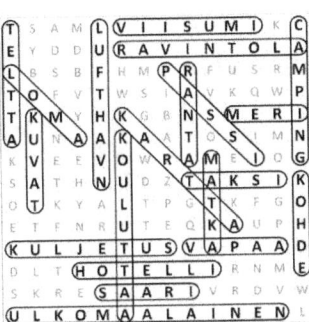

98 - Attività

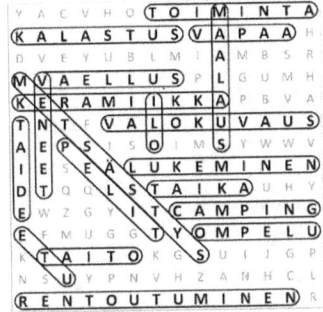

99 - Forniture Artistiche

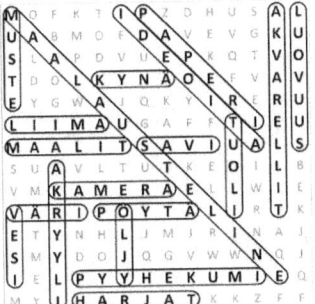

100 - Misurazioni

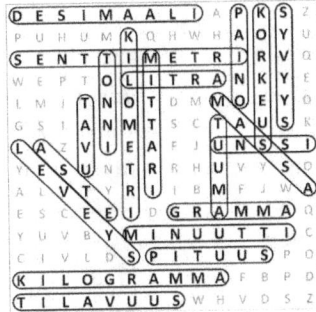

Dizionario

Acqua
Vesi

Alluvione	Tulva
Canale	Kanava
Doccia	Suihku
Evaporazione	Haihtuminen
Fiume	Joki
Gelo	Pakkanen
Geyser	Geysir
Ghiaccio	Jään
Irrigazione	Kastelu
Lago	Järvi
Monsone	Monsuuni
Neve	Lumi
Oceano	Valtameri
Onde	Aalto
Pioggia	Sade
Umidità	Kosteus
Umido	Kostea
Uragano	Hurrikaani
Vapore	Höyry

Aeroplani
Lentokone

Altezza	Korkeus
Aria	Ilma
Atmosfera	Ilmainen
Atterraggio	Lasku
Avventura	Seikkailu
Carburante	Polttoaine
Cielo	Taivas
Costruzione	Rakentaminen
Design	Utforming
Direzione	Suunta
Discesa	Laskeutuminen
Equipaggio	Miehistö
Idrogeno	Vety
Motore	Moottori
Navigare	Navigoida
Palloncino	Ilmapallo
Passeggero	Matkustaja
Pilota	Pilotti
Storia	Historia
Turbolenza	Turbulenssi

Aggettivi #1
Adjektiivit #1

Aromatico	Aromaattinen
Artistico	Taiteellinen
Assoluto	Ehdoton
Attivo	Aktiivinen
Enorme	Valtava
Esotico	Eksotisk
Generoso	Antelias
Giovane	Nuori
Grande	Suuri
Identico	Identtinen
Importante	Tärkeä
Lento	Hidas
Lungo	Pitkä
Moderno	Moderni
Onesto	Rehellinen
Perfetto	Täydellinen
Pesante	Raskas
Prezioso	Arvokas
Profondo	Syvä
Sottile	Ohut

Aggettivi #2
Adjektiivit #2

Affamato	Nälkäinen
Asciutto	Kuiva
Autentico	Aito
Caldo	Kuuma
Creativo	Luova
Descrittivo	Kuvaus
Dolce	Makea
Drammatico	Dramaattinen
Elegante	Tyylikäs
Famoso	Kuuluisa
Forte	Vahva
Naturale	Luonnollinen
Normale	Normaali
Nuovo	Uusi
Orgoglioso	Ylpeä
Produttivo	Tuottava
Puro	Puhdas
Responsabile	Vastuullinen
Salato	Suolainen
Sano	Terve

Animali Domestici
Lemmikki

Acqua	Vesi
Cane	Koira
Capra	Vuohi
Cibo	Ruoka
Coda	Pyrstö
Collare	Kaulus
Coniglio	Kani
Criceto	Hamsteri
Cucciolo	Pentu
Gattino	Kattunge
Gatto	Kissa
Guinzaglio	Hihna
Lucertola	Lisko
Mucca	Lehmä
Pappagallo	Papukaija
Pesce	Kala
Tartaruga	Kilpikonna
Topo	Hiiri
Veterinario	Eläinlääkäri
Zampe	Tassut

Antartide
Antarktis

Acqua	Vesi
Ambiente	Ympäristö
Baia	Lahti
Balene	Valas
Conservazione	Säilyttäminen
Continente	Maanosa
Geografia	Maantiede
Ghiacciai	Isbreer
Ghiaccio	Jään
Isole	Saaret
Migrazione	Muutto
Minerali	Mineraali
Nuvole	Pilvi
Penisola	Niemimaa
Ricercatore	Tutkija
Roccioso	Kivinen
Scientifico	Tieteellinen
Spedizione	Retkikunta
Temperatura	Lämpötila
Topografia	Topografia

Api
Mehiläiset

Ali	Siivet
Alveare	Pesä
Benefico	Hyödyllinen
Cera	Parafiini
Cibo	Ruoka
Ecosistema	Ekosysteemi
Fiori	Kukat
Fiorire	Kukka
Frutta	Hedelmä
Fumo	Savu
Giardino	Puutarha
Insetto	Hyönteinen
Miele	Hunaja
Piante	Kasvit
Polline	Siitepöly
Regina	Kuningatar
Sciame	Parvi
Sole	Aurinko

Arrampicata
Kiipeily

Altitudine	Korkeus
Atmosfera	Ilmainen
Casco	Kypärä
Curiosità	Uteliaisuus
Escursioni	Vaellus
Esperto	Asiantuntija
Fisico	Fyysinen
Formazione	Koulutus
Forza	Vahvuus
Grotta	Luola
Guanti	Käsineet
Lesione	Vamma
Mappa	Kartta
Sfide	Haasteet
Stabilità	Vakaus
Stivali	Saappaat
Stretto	Kapea
Terreno	Maa

Arte
Taide

Ceramica	Keraaminen
Complesso	Monimutkainen
Composizione	Koostumus
Creare	Luoda
Espressione	Ilmaisu
Ispirato	Inspirert
Onesto	Rehellinen
Originale	Alkuperäinen
Poesia	Runous
Ritrarre	Kuvata
Scultura	Veistos
Simbolo	Symboli
Soggetto	Aihe
Surrealismo	Surrealismi
Umore	Mieliala
Visivo	Visuaalinen

Arti Visive
Kuvataide

Architettura	Arkkitehtuuri
Argilla	Savi
Artista	Taiteilija
Capolavoro	Mestariteos
Cavalletto	Maalausteline
Cera	Parafiini
Ceramica	Keramiikka
Composizione	Koostumus
Creatività	Luovuus
Film	Elokuva
Fotografia	Valokuva
Gesso	Liitu
Matita	Lyijykynä
Penna	Kynä
Pittura	Maalaus
Prospettiva	Näkökulma
Ritratto	Muotokuva
Scultura	Veistos
Vernice	Lakka

Astronomia
Tähtitiede

Asteroide	Asteroidi
Astronauta	Astronautti
Celeste	Taivaallinen
Cielo	Taivas
Cosmo	Kosmos
Costellazione	Tähdistö
Equinozio	Jevndøgn
Galassia	Galaksi
Gravità	Painovoima
Luna	Kuu
Meteora	Meteori
Nebulosa	Sumu
Osservatorio	Observatorio
Pianeta	Planeetta
Radiazione	Säteily
Razzo	Raketti
Supernova	Supernova
Telescopio	Kaukoputki
Terra	Maa
Zodiaco	Zodiakki

Attività
Toiminta

Abilità	Taito
Arte	Taide
Artigianato	Veneet
Attività	Toiminta
Caccia	Metsästys
Campeggio	Camping
Ceramica	Keramiikka
Cucire	Ompelu
Escursioni	Vaellus
Fotografia	Valokuvaus
Giochi	Pelit
Interessi	Etu
Lettura	Lukeminen
Magia	Taika
Pesca	Kalastus
Piacere	Ilo
Pittura	Maalaus
Rilassamento	Rentoutuminen
Tempo Libero	Vapaa

Attività e Tempo Libero
Toiminta ja Vapaa-Aika

Arte	Taide
Baseball	Baseball
Basket	Koripallo
Boxe	Nyrkkeily
Calcio	Jalkapallo
Campeggio	Camping
Escursioni	Vaellus
Golf	Golf
Hobby	Harrastukset
Immersione	Sukellus
Nuoto	Uima
Pallavolo	Lentopallo
Pesca	Kalastus
Pittura	Maalaus
Rilassante	Rentouttava
Shopping	Ostokset
Surf	Lainelautailu
Tennis	Tennis
Viaggio	Matkustaa

Avventura
Seikkailu

Amici	Ystävä
Attività	Toiminta
Bellezza	Kauneus
Caso	Mahdollisuus
Destinazione	Kohde
Difficoltà	Vaikeus
Entusiasmo	Innostus
Escursione	Retki
Gioia	Ilo
Insolito	Epätavallinen
Itinerario	Matka
Natura	Luonto
Navigazione	Navigointi
Nuovo	Uusi
Pericoloso	Vaarallinen
Sfide	Haasteet
Sicurezza	Turvallisuus
Sorprendente	Yllättävä
Viaggi	Matkustaa

Bagno
Kylpyhuone

Acqua	Vesi
Asciugamano	Pyyhe
Bagno	Kylpy
Bolle	Kuplia
Doccia	Suihku
Forbici	Sakset
Gabinetto	Wc
Lozione	Voide
Profumo	Hajuvesi
Rubinetto	Hana
Sapone	Saippua
Shampoo	Shampoo
Specchio	Peili
Spugna	Sieni
Tappeto	Matto
Vapore	Höyry

Balletto
Baletti

Abilità	Taito
Artistico	Taiteellinen
Ballerina	Ballerina
Ballerini	Tanssijat
Compositore	Säveltäjä
Coreografia	Koreografia
Espressivo	Ilmeikäs
Gesto	Ele
Intensità	Intensiteetti
Muscoli	Lihakset
Musica	Musiikki
Orchestra	Orkesteri
Pratica	Harjoitella
Prova	Harjoitukset
Pubblico	Yleisö
Ritmo	Rytmi
Stile	Tyyli
Tecnica	Tekniikka

Barbecue
Grilli

Caldo	Kuuma
Cena	Illallinen
Cibo	Ruoka
Cipolle	Sipuli
Coltelli	Veitset
Estate	Kesä
Fame	Nälkä
Famiglia	Perhe
Frutta	Hedelmä
Giochi	Pelit
Griglia	Grilli
Insalate	Salaatit
Invito	Kutsu
Musica	Musiikki
Pepe	Pippuri
Pollo	Kana
Pomodori	Tomaatit
Pranzo	Lounas
Sale	Suola
Salsa	Kastike

Campeggio
Telttailu

Alberi	Puu
Amaca	Riippumatto
Animali	Eläimet
Avventura	Seikkailu
Bussola	Kompassi
Cabina	Mökki
Caccia	Metsästys
Canoa	Kanootti
Cappello	Hattu
Corda	Köysi
Divertimento	Hauskaa
Foresta	Metsä
Fuoco	Antaa Potkut
Insetto	Hyönteinen
Lago	Järvi
Luna	Kuu
Mappa	Kartta
Montagna	Vuori
Natura	Luonto
Tenda	Teltta

Campionato
Mestaruus

Allenatore	Valmentaja
Campionato	Mestaruus
Campione	Mestari
Finalista	Finalisti
Giochi	Pelit
Giudice	Tuomari
Lega	Liiga
Medaglia	Mitali
Motivazione	Motivaatio
Prestazione	Esitys
Resistenza	Kestävyys
Sportivo	Urheilu
Squadra	Tiimi
Strategia	Strategia
Sudore	Hiki
Torneo	Turnaus
Vittoria	Voitto

Casa
Talo

Attico	Ullakko
Biblioteca	Kirjasto
Camera	Huone
Camino	Takka
Chiavi	Nøkler
Cucina	Keittiö
Doccia	Suihku
Finestra	Ikkuna
Garage	Autotalli
Giardino	Puutarha
Lampada	Lamppu
Parete	Seinä
Pavimento	Lattia
Porta	Ovi
Recinto	Aita
Rubinetto	Hana
Scopa	Luuta
Specchio	Peili
Tappeto	Matto
Tetto	Katto

Castelli
Linnat

Armatura	Panssari
Catapulta	Katapultti
Cavaliere	Ritari
Cavallo	Hevonen
Corona	Kruunu
Dinastia	Dynastia
Drago	Lohikäärme
Feudale	Føydal
Fortezza	Linnoitus
Impero	Empire
Nobile	Jalo
Palazzo	Palatsi
Parete	Seinä
Principe	Prinssi
Principessa	Prinsessa
Regno	Kongerike
Scudo	Kilpi
Spada	Miekka
Torre	Torni
Unicorno	Yksisarvinen

Cibo #1
Ruoka #1

Aglio	Valkosipuli
Basilico	Basilika
Cannella	Kaneli
Carne	Liha
Carota	Porkkana
Cipolla	Sipuli
Fragola	Mansikka
Insalata	Salaatti
Latte	Maito
Limone	Sitruuna
Menta	Minttu
Orzo	Ohra
Pera	Päärynä
Rapa	Nauris
Sale	Suola
Spinaci	Pinaatti
Succo	Mehu
Tonno	Tunfisk
Torta	Kakku
Zucchero	Sokeri

Cibo #2
Ruoka #2

Banana	Banaani
Broccolo	Parsakaali
Ciliegia	Kirsikka
Cioccolato	Suklaa
Formaggio	Juusto
Fungo	Sieni
Grano	Vehnä
Kiwi	Kiivi
Mela	Omena
Melanzana	Munakoiso
Pane	Leipä
Pesce	Kala
Pollo	Kana
Pomodoro	Tomaatti
Prosciutto	Kinkku
Riso	Riisi
Sedano	Selleri
Uovo	Muna
Uva	Rypäle
Yogurt	Jogurtti

Cioccolato
Suklaa

Amaro	Katkera
Arachidi	Maapähkinät
Aroma	Aromi
Artigianale	Artisanal
Brama	Himo
Cacao	Kaakao
Calorie	Kalori
Caramello	Karamelli
Delizioso	Herkullinen
Dolce	Makea
Esotico	Eksotisk
Gusto	Maku
Ingrediente	Ainesosa
Mangiare	Syödä
Noce di Cocco	Kokosnøtt
Polvere	Jauhe
Preferito	Suosikki
Qualità	Laatu
Ricetta	Resepti
Zucchero	Sokeri

Circo
Sirkus

Acrobata	Akrobat
Animali	Eläimet
Biglietto	Lippu
Costume	Puku
Elefante	Norsu
Giocoliere	Jonglööri
Intrattenere	Viihdyttää
Leone	Leijona
Magia	Taika
Mago	Taikuri
Musica	Musiikki
Palloncini	Ballonger
Parata	Paraati
Scimmia	Apina
Spettatore	Katsoja
Tenda	Teltta
Tigre	Tiikeri
Trucco	Temppu

Città
Kaupunki

Aeroporto	Lufthavn
Banca	Pankki
Biblioteca	Kirjasto
Cinema	Elokuva
Clinica	Klinikka
Farmacia	Apteekki
Galleria	Galleria
Hotel	Hotelli
Libreria	Kirjakauppa
Mercato	Markkina
Museo	Museo
Negozio	Kauppa
Panetteria	Leipomo
Ristorante	Ravintola
Scuola	Koulu
Stadio	Stadion
Supermercato	Supermarket
Teatro	Teatteri
Università	Yliopisto
Zoo	Eläintarha

Colori
Värit

Arancia	Oranssi
Beige	Beige
Bianco	Valkoinen
Blu	Sininen
Ciano	Syaani
Cremisi	Crimson
Fucsia	Fuksia
Giallo	Keltainen
Grigio	Harmaa
Indaco	Indigo
Magenta	Magenta
Marrone	Ruskea
Nero	Musta
Rosso	Punainen
Seppia	Seepia
Verde	Vihreä
Viola	Violetti

Compleanno
Syntymäpäivä

Amici	Ystävä
Anno	Vuosi
Calendario	Kalenteri
Candele	Kynttilä
Canzone	Laulu
Carte	Kortit
Celebrazione	Juhla
Divertimento	Hauskaa
Felice	Onnellinen
Gioioso	Iloinen
Giorno	Päivä
Giovane	Nuori
Inviti	Kutsut
Nato	Syntynyt
Per Imparare	Oppia
Regalo	Lahja
Saggezza	Viisaus
Speciale	Spesiell
Tempo	Aika
Torta	Kakku

Conservazione
Säilyttäminen

Acqua	Vesi
Ambientale	Ympäristö
Ciclo	Sykli
Clima	Ilmasto
Ecosistema	Ekosysteemi
Educazione	Koulutus
Inquinamento	Forurensning
Naturale	Luonnollinen
Organico	Orgaaninen
Pesticida	Torjunta-Aine
Preoccupazione	Huolenaihe
Riciclare	Kierrättää
Ridurre	Vähentää
Salute	Terveys
Sostenibile	Kestävä
Verde	Vihreä
Volontario	Vapaaehtoinen

Corpo Umano
Ihmiskehon

Bocca	Suu
Caviglia	Nilkka
Cervello	Aivot
Collo	Kaula
Cuore	Sydän
Dito	Sormi
Faccia	Kasvot
Gamba	Jalka
Ginocchio	Polvi
Gomito	Kyynärpää
Mano	Käsi
Mento	Leuka
Naso	Nenä
Occhio	Silmä
Orecchio	Korva
Pelle	Iho
Sangue	Veri
Spalla	Olkapää
Stomaco	Vatsa
Testa	Pää

Cucina
Keittiö

Bacchette	Syömäpuikot
Bollitore	Kattila
Brocca	Kannu
Cibo	Ruoka
Ciotola	Kulho
Coltelli	Veitset
Congelatore	Pakastin
Cucchiai	Lusikat
Forchette	Gafler
Forno	Uuni
Frigorifero	Jääkaappi
Grembiule	Esiliina
Griglia	Grilli
Mestolo	Kauha
Ricetta	Resepti
Spezie	Mausteet
Spugna	Sieni
Tazze	Kupit
Tovagliolo	Lautasliina
Vaso	Purkki

Danza
Tanssi

Accademia	Akatemia
Arte	Taide
Classico	Klassinen
Compagno	Kumppani
Coreografia	Koreografia
Corpo	Keho
Cultura	Kulttuuri
Emozione	Tunne
Espressivo	Ilmeikäs
Gioioso	Iloinen
Grazia	Armo
Movimento	Liike
Musica	Musiikki
Postura	Ryhti
Prova	Harjoitukset
Ritmo	Rytmi
Tradizionale	Perinteinen
Visivo	Visuaalinen

Dinosauri
Dinosaurus

Ali	Siivet
Carnivoro	Lihansyöjä
Coda	Pyrstö
Enorme	Valtava
Erbivoro	Kasvinsyöjä
Evoluzione	Evoluutio
Fossili	Fossiilit
Grande	Suuri
Mammut	Mammutti
Potente	Voimakas
Preda	Saalis
Rapace	Raptor
Rettile	Matelija
Scomparsa	Katoaminen
Specie	Lajit
Taglia	Koko
Terra	Maa
Vizioso	Häijy

Discipline Scientifiche
Tieteelliset Alat

Anatomia	Anatomia
Archeologia	Arkeologia
Astronomia	Tähtitiede
Biochimica	Biokemia
Biologia	Biologia
Botanica	Kasvitiede
Chimica	Kemia
Ecologia	Ekologia
Fisiologia	Fysiologia
Geologia	Geologia
Immunologia	Immunologia
Linguistica	Kielitiede
Meccanica	Mekaniikka
Meteorologia	Meteorologia
Mineralogia	Mineralogia
Neurologia	Neurologia
Nutrizione	Ravitsemus
Psicologia	Psykologia
Sociologia	Sosiologia
Zoologia	Eläintiede

Ecologia
Ekologia

Clima	Ilmasto
Comunità	Yhteisö
Fauna	Eläimistö
Flora	Kasvisto
Marino	Meri
Montagne	Vuoret
Natura	Luonto
Naturale	Luonnollinen
Palude	Suo
Piante	Kasvit
Risorse	Resurssi
Siccità	Kuivuus
Sopravvivenza	Selviytyminen
Sostenibile	Kestävä
Specie	Lajit
Vegetazione	Kasvillisuus
Volontari	Frivillige

Edifici
Rakennukset

Ambasciata	Lähetystö
Appartamento	Huoneisto
Cabina	Mökki
Castello	Linna
Cinema	Elokuva
Fabbrica	Tehdas
Fienile	Lato
Hotel	Hotelli
Laboratorio	Laboratorio
Museo	Museo
Ospedale	Sairaala
Osservatorio	Observatorio
Ostello	Hostelli
Scuola	Koulu
Stadio	Stadion
Supermercato	Supermarket
Teatro	Teatteri
Tenda	Teltta
Torre	Torni
Università	Yliopisto

Emozioni
Tunteita

Amore	Rakkaus
Beatitudine	Autuus
Calma	Rauhallinen
Contenuto	Sisältö
Eccitato	Innoissaan
Gentilezza	Ystävällisyys
Gioia	Ilo
Grato	Kiitollinen
Noia	Ikävystyminen
Pace	Rauha
Paura	Pelko
Rabbia	Suututtaa
Rilassato	Rento
Rilievo	Helpotus
Simpatia	Myötätunto
Soddisfatto	Tyytyväinen
Sorpresa	Yllätys
Tenerezza	Hellyys
Tranquillità	Rauhallisuus
Tristezza	Surullisuus

Erboristeria
Herbalismi

Aglio	Valkosipuli
Aneto	Tilli
Aromatico	Aromaattinen
Basilico	Basilika
Culinario	Kulinaarinen
Dragoncello	Rakuuna
Finocchio	Fenkoli
Fiore	Kukka
Giardino	Puutarha
Ingrediente	Ainesosa
Lavanda	Laventeli
Maggiorana	Meirami
Menta	Minttu
Origano	Oregano
Prezzemolo	Persilja
Qualità	Laatu
Rosmarino	Rosmariini
Timo	Timjami
Verde	Vihreä
Zafferano	Maustesahrami

Escursionismo
Patikointi

Acqua	Vesi
Animali	Eläimet
Campeggio	Camping
Clima	Ilmasto
Mappa	Kartta
Meteo	Sää
Montagna	Vuori
Natura	Luonto
Orientamento	Suunta
Parchi	Puistot
Pericoli	Vaarat
Pesante	Raskas
Pietre	Kivi
Scogliera	Kallio
Selvaggio	Villi
Sole	Aurinko
Stanco	Väsynyt
Stivali	Saappaat
Vertice	Kokous

Esplorazione
Tutkimus

Animali	Eläimet
Attività	Toiminta
Coraggio	Rohkeutta
Determinazione	Päättäväisyys
Eccitazione	Jännitys
Esaurimento	Uupumus
Lingua	Kieli
Nuovo	Uusi
Per Imparare	Oppia
Pericoli	Vaarat
Pericoloso	Vaarallinen
Sconosciuto	Tuntematon
Scoperta	Löytö
Selvaggio	Villi
Spazio	Tila
Terreno	Maa
Viaggio	Matkustaa

Estate
Kesä

Amici	Ystävä
Campeggio	Camping
Casa	Koti
Cibo	Ruoka
Famiglia	Perhe
Giardino	Puutarha
Giochi	Pelit
Gioia	Ilo
Immersione	Sukellus
Libri	Kirjat
Mare	Meri
Musica	Musiikki
Rilassamento	Rentoutuminen
Sandali	Sandaalit
Spiaggia	Ranta
Stelle	Tähti
Tempo Libero	Vapaa
Vacanza	Loma
Viaggio	Matkustaa

Famiglia
Perhe

Antenato	Stamfar
Bambini	Lapset
Bambino	Lapsi
Cugino	Serkku
Figlia	Tytär
Fratello	Veli
Gemelli	Kaksoset
Infanzia	Lapsuus
Madre	Äiti
Marito	Mies
Materno	Äidin
Moglie	Vaimo
Nipote	Veljenpoika
Nonna	Isoäiti
Nonno	Isoisä
Padre	Isä
Paterno	Isän
Sorella	Sisko
Zia	Täti
Zio	Setä

Fantascienza
Tieteiskirjallisuus

Cinema	Elokuva
Distopia	Dystopia
Esplosione	Räjähdys
Estremo	Äärimmäinen
Fantastico	Fantastinen
Fuoco	Antaa Potkut
Futuristico	Futuristinen
Galassia	Galaksi
Illusione	Illuusio
Libri	Kirjat
Misterioso	Salaperäinen
Mondo	Maailma
Oracolo	Oraakkeli
Pianeta	Planeetta
Realistico	Realistinen
Robot	Robotti
Romanzi	Romaaneja
Scenario	Skenaario
Tecnologia	Teknologia
Utopia	Utopia

Fattoria #1
Maatila nro 1

Acqua	Vesi
Agricoltura	Maatalous
Ape	Mehiläinen
Asino	Aasi
Campo	Kenttä
Cane	Koira
Capra	Vuohi
Cavallo	Hevonen
Fertilizzante	Lannoite
Fieno	Heinä
Gatto	Kissa
Gregge	Parvi
Maiale	Sika
Miele	Hunaja
Mucca	Lehmä
Pollo	Kana
Recinto	Aita
Riso	Riisi
Semi	Siemenet
Vitello	Vasikka

Fattoria #2
Maatila # 2

Agnello	Karitsa
Agricoltore	Viljelijä
Alveare	Mehiläispesä
Anatra	Ankka
Animali	Eläimet
Cibo	Ruoka
Fienile	Lato
Frutta	Hedelmä
Frutteto	Hedelmätarha
Grano	Vehnä
Irrigazione	Kastelu
Lama	Laama
Latte	Maito
Mais	Maissi
Maturo	Kypsä
Orzo	Ohra
Pastore	Paimen
Pecora	Lammas
Prato	Niitty
Trattore	Traktori

Fiori
Kukkia

Dente di Leone	Voikukka
Gardenia	Gardenia
Gelsomino	Jasmiini
Giglio	Lilja
Girasole	Auringonkukka
Ibisco	Hibiscus
Lavanda	Laventeli
Lilla	Liila
Magnolia	Magnolia
Margherita	Päivänkakkara
Mazzo	Kimppu
Orchidea	Orkidea
Papavero	Unikko
Peonia	Pioni
Petalo	Terälehti
Plumeria	Plumeria
Rosa	Ruusu
Trifoglio	Apila
Tulipano	Tulppaani

Foresta Pluviale
Sademetsää

Clima	Ilmasto
Comunità	Yhteisö
Giungla	Viidakko
Insetti	Insekter
Mammiferi	Nisäkkäät
Muschio	Sammal
Natura	Luonto
Nuvole	Pilvi
Preservazione	Säilyttäminen
Prezioso	Arvokas
Restauro	Entisöinti
Rifugio	Suunta
Rispetto	Respekt
Sopravvivenza	Selviytyminen
Specie	Lajit
Uccelli	Lintu

Forme
Muodot

Angolo	Kulma
Arco	Kaari
Bordi	Reunat
Cerchio	Ympyrä
Cilindro	Sylinteri
Cono	Kartio
Cubo	Kuutio
Curva	Käyrä
Ellisse	Ellipsi
Iperbole	Hyperbeli
Lato	Side
Linea	Linja
Ovale	Soikea
Piramide	Pyramidi
Poligono	Monikulmio
Prisma	Prisma
Quadrato	Neliö
Rettangolo	Suorakulmio
Triangolo	Kolmio

Forniture Artistiche
Taide-Tarvikkeet

Acqua	Vesi
Acquerelli	Akvarellit
Acrilico	Akryyli
Argilla	Savi
Carta	Paperi
Cavalletto	Maalausteline
Colla	Liima
Colori	Väri
Creatività	Luovuus
Gomma	Pyyhekumi
Idee	Ideoita
Inchiostro	Muste
Matite	Kynä
Olio	Öljy
Sedia	Tuoli
Spazzole	Harjat
Tavolo	Pöytä
Telecamera	Kamera
Vernici	Maalit

Frutta
Hedelmä

Albicocca	Aprikoosi
Ananas	Ananas
Arancia	Oranssi
Avocado	Avokado
Bacca	Marja
Banana	Banaani
Ciliegia	Kirsikka
Fico	Viikuna
Kiwi	Kiivi
Lampone	Vadelma
Limone	Sitruuna
Mango	Mango
Mela	Omena
Melone	Meloni
Mora	Blackberry
Nettarina	Nektariini
Pera	Päärynä
Pesca	Persikka
Prugna	Luumu
Uva	Rypäle

Gatti
Kissat

Artiglio	Kynsiä
Cacciatore	Metsästäjä
Coda	Pyrstö
Curioso	Utelias
Divertente	Hauska
Dormire	Nukkua
Filo	Lanka
Giocoso	Leikkisä
Indipendente	Riippumaton
Pazzo	Hullu
Pelliccia	Turkki
Poco	Vähän
Selvaggio	Villi
Timido	Ujo
Topo	Hiiri
Veloce	Nopeasti
Zampa	Tassu

Geografia
Maantiede

Altitudine	Korkeus
Atlante	Atlas
Città	Kaupunki
Continente	Maanosa
Emisfero	Halvkule
Fiume	Joki
Isola	Saari
Latitudine	Leveysaste
Longitudine	Pituusaste
Mappa	Kartta
Mare	Meri
Meridiano	Meridiaani
Mondo	Maailma
Montagna	Vuori
Nord	Pohjoinen
Oceano	Valtameri
Ovest	Länsi
Paese	Maassa
Regione	Alue
Sud	Etelä

Geologia
Geologia

Acido	Happo
Altopiano	Tasanko
Calcio	Kalsium
Caverna	Luola
Continente	Maanosa
Corallo	Koralli
Cristalli	Crystal
Erosione	Eroosio
Fossile	Fossiili
Geyser	Geysir
Lava	Lava
Minerali	Mineraali
Pietra	Kivi
Quarzo	Kvartsi
Sale	Suola
Stalagmiti	Stalagmiitit
Stalattite	Stalactite
Strato	Kerros
Terremoto	Maanjäristys
Vulcano	Volcano

Giardino
Puutarha

Albero	Puu
Amaca	Riippumatto
Cespuglio	Puska
Erba	Ruoho
Erbacce	Ugress
Fiore	Kukka
Frutteto	Hedelmätarha
Garage	Autotalli
Giardino	Puutarha
Pala	Lapio
Panca	Penkki
Portico	Kuisti
Prato	Nurmikko
Rastrello	Rake
Recinto	Aita
Stagno	Lampi
Suolo	Maaperä
Terrazza	Terassi
Trampolino	Trampoliini
Tubo	Letku

Giocattoli
Lelut

Aereo	Lentokone
Aquilone	Leija
Argilla	Savi
Artigianato	Veneet
Auto	Auto
Bambola	Nukke
Barca	Vene
Batteria	Rummut
Bicicletta	Polkupyörä
Camion	Kuka
Giochi	Pelit
Immaginazione	Mielikuvitus
Libri	Kirjat
Palla	Pallo
Preferito	Suosikki
Puzzle	Palapeli
Robot	Robotti
Scacchi	Shakki
Treno	Kouluttaa
Vernici	Maalit

Giorni e Mesi
Päivät ja Kuukaudet

Agosto	Elokuu
Anno	Vuosi
Aprile	Huhtikuu
Calendario	Kalenteri
Dicembre	Joulukuu
Domenica	Sunnuntai
Febbraio	Helmikuu
Gennaio	Tammikuu
Giugno	Kesäkuu
Luglio	Heinäkuu
Lunedì	Maanantai
Martedì	Tiistai
Mercoledì	Keskiviikko
Mese	Kuukausi
Novembre	Marraskuu
Ottobre	Lokakuu
Sabato	Lauantai
Settembre	Syyskuu
Settimana	Viikko
Venerdì	Perjantai

Guida
Ajo

Auto	Auto
Autobus	Bussi
Carburante	Polttoaine
Freni	Jarrut
Garage	Autotalli
Gas	Kaasu
Incidente	Onnettomuus
Licenza	Lisenssi
Mappa	Kartta
Moto	Moottoripyörä
Motore	Moottori
Pedonale	Jalankulkija
Pericolo	Vaara
Polizia	Poliisi
Sicurezza	Turvallisuus
Strada	Tie
Traffico	Liikenne
Trasporto	Kuljetus
Tunnel	Tunneli
Velocità	Nopeus

Imbarcazioni
Veneitä

Albero	Masto
Ancora	Ankkuri
Barca a Vela	Purjevene
Boa	Poiju
Canoa	Kanootti
Corda	Köysi
Dock	Telakka
Equipaggio	Miehistö
Fiume	Joki
Kayak	Kajakk
Lago	Järvi
Mare	Meri
Marea	Vuorovesi
Marinaio	Merimies
Motore	Moottori
Oceano	Valtameri
Onde	Aalto
Traghetto	Lautta
Yacht	Jahti

Insetti
Hyönteiset

Afide	Kirva
Ape	Mehiläinen
Calabrone	Hornet
Cavalletta	Heinäsirkka
Cicala	Cicada
Coccinella	Leppäkerttu
Falena	Koi
Farfalla	Perhonen
Formica	Muurahainen
Larva	Toukka
Libellula	Sudenkorento
Locusta	Gresshoppe
Mantide	Sirkka
Pulce	Kirppu
Scarafaggio	Torakka
Termite	Termiitti
Verme	Mato
Vespa	Ampiainen
Zanzara	Hyttynen

Letteratura
Kirjallisuus

Analisi	Analyysi
Analogia	Analogia
Aneddoto	Anekdootti
Autore	Tekijä
Biografia	Elämäkerta
Conclusione	Päätelmä
Confronto	Vertailu
Descrizione	Kuvaus
Dialogo	Dialog
Genere	Laji
Metafora	Metafora
Opinione	Lausunto
Poesia	Runo
Poetico	Runollinen
Rima	Loppusointu
Ritmo	Rytmi
Romanzo	Romaani
Stile	Tyyli
Tema	Teema
Tragedia	Tragedia

Libri
Kirjat

Autore	Tekijä
Avventura	Seikkailu
Carattere	Merkki
Collezione	Kokoelma
Contesto	Konteksti
Dualità	Kaksinaisuus
Epico	Eeppinen
Immersione	Upotus
Inventivo	Kekseliäs
Lettore	Lukija
Narratore	Kertoja
Pagina	Sivu
Poesia	Runous
Rilevante	Relevaantia
Romanzo	Romaani
Scritto	Skriftlig
Serie	Sarja
Storia	Tarina
Tragico	Traaginen
Umoristico	Humoristinen

Mammiferi
Merinisäkkäiden

Balena	Valas
Cane	Koira
Canguro	Kenguru
Cavallo	Hevonen
Cervo	Peura
Coniglio	Kani
Coyote	Kojootti
Delfino	Delfiini
Elefante	Norsu
Gatto	Kissa
Giraffa	Kirahvi
Gorilla	Gorilla
Leone	Leijona
Lupo	Susi
Orso	Karhu
Pecora	Lammas
Scimmia	Apina
Toro	Härkä
Volpe	Kettu
Zebra	Seepra

Matematica
Matematiikka

Angoli	Kulmat
Aritmetica	Aritmeettinen
Circonferenza	Ympärysmitta
Decimale	Desimaali
Diametro	Halkaisija
Divisione	Jako
Equazione	Yhtälö
Esponente	Eksponentti
Frazione	Jae
Geometria	Geometria
Parallelo	Rinnakkainen
Parallelogramma	Suunnikas
Perimetro	Kehä
Poligono	Monikulmio
Quadrato	Neliö
Rettangolo	Suorakulmio
Simmetria	Symmetria
Somma	Summa
Triangolo	Kolmio
Volume	Tilavuus

Meditazione
Meditaatio

Accettazione	Hyväksyminen
Attenzione	Huomio
Calma	Rauhallinen
Chiarezza	Selkeys
Compassione	Myötätunto
Emozioni	Tunne
Gentilezza	Ystävällisyys
Gratitudine	Kiitollisuus
Mentale	Henkistä
Mente	Mieli
Movimento	Liike
Musica	Musiikki
Natura	Luonto
Osservazione	Havainto
Pace	Rauha
Pensieri	Ajatuksia
Postura	Ryhti
Prospettiva	Näkökulma
Respirazione	Hengitys
Silenzio	Hiljaisuus

Meteo
Sää

Arcobaleno	Sateenkaari
Asciutto	Kuiva
Atmosfera	Ilmainen
Calma	Rauhallinen
Cielo	Taivas
Clima	Ilmasto
Fulmine	Salama
Ghiaccio	Jään
Monsone	Monsuuni
Nebbia	Sumu
Nube	Pilvi
Polare	Polar
Siccità	Kuivuus
Temperatura	Lämpötila
Tempesta	Myrsky
Tornado	Tornado
Tropicale	Trooppinen
Tuono	Ukkonen
Uragano	Hurrikaani
Vento	Tuuli

Misurazioni
Mittaus

Altezza	Korkeus
Byte	Tavu
Centimetro	Senttimetri
Chilogrammo	Kilogramma
Chilometro	Kilometri
Decimale	Desimaali
Grado	Aste
Grammo	Gramma
Larghezza	Leveys
Litro	Litra
Lunghezza	Pituus
Massa	Massa
Metro	Mittari
Minuto	Minuutti
Oncia	Unssi
Peso	Paino
Pollice	Tuuma
Profondità	Syvyys
Tonnellata	Tonni
Volume	Tilavuus

Mitologia
Mytologia

Archetipo	Arketype
Creatura	Olento
Creazione	Luominen
Credenze	Uskomukset
Cultura	Kulttuuri
Disastro	Katastrofi
Divinità	Jumalat
Eroe	Sankari
Forza	Vahvuus
Fulmine	Salama
Gelosia	Kateus
Guerriero	Soturi
Labirinto	Labyrintti
Leggenda	Legenda
Magico	Maaginen
Mortale	Kuolevainen
Mostro	Hirviö
Paradiso	Taivas
Tuono	Ukkonen
Vendetta	Kosto

Mobili
Huonekalut

Amaca	Riippumatto
Armoire	Armoire
Cuscini	Tyynyt
Cuscino	Tyyny
Divano	Sohva
Futon	Futon
Lampada	Lamppu
Letto	Sänky
Libreria	Kirjahylly
Materasso	Patja
Panca	Penkki
Poltrona	Nojatuoli
Scaffali	Hyllyt
Scrivania	Työpöytä
Sedia	Tuoli
Specchio	Peili
Tappeto	Matto
Tende	Verhot

Natura
Luonto

Animali	Eläimet
Api	Mehiläinen
Artico	Arktinen
Bellezza	Kauneus
Deserto	Aavikko
Dinamico	Dynaaminen
Erosione	Eroosio
Fiume	Joki
Fogliame	Lehtien
Foresta	Metsä
Ghiacciaio	Jäätikkö
Montagne	Vuoret
Nebbia	Sumu
Nuvole	Pilvi
Rifugio	Suoja
Santuario	Pyhäkkö
Selvaggio	Villi
Sereno	Rauhallinen
Tropicale	Trooppinen
Vitale	Tärkeä

Numeri
Numerot

Cinque	Viisi
Decimale	Desimaali
Dieci	Kymmenen
Dodici	Kaksitoista
Due	Kaksi
Matematica	Matematiikka
Nove	Yhdeksän
Otto	Kahdeksan
Quattordici	Neljätoista
Quattro	Neljä
Quindici	Viisitoista
Sedici	Kuusitoista
Sei	Kuusi
Sette	Seitsemän
Tre	Kolme
Tredici	Kolmetoista
Uno	Yksi
Venti	Kaksikymmentä
Zero	Nolla

Nutrizione
Ravitsemus

Amaro	Katkera
Appetito	Ruokahalu
Bilanciato	Tasapainoinen
Calorie	Kalori
Carboidrati	Karbohydrater
Commestibile	Syötävä
Dieta	Ruokavalio
Digestione	Ruoansulatus
Fermentazione	Käyminen
Liquidi	Nesteet
Nutriente	Næringsstoff
Peso	Paino
Proteine	Proteiini
Qualità	Laatu
Salsa	Kastike
Salute	Terveys
Sano	Terve
Spezie	Mausteet
Tossina	Myrkky
Vitamina	Vitamiini

Oceano
Valtameri

Anguilla	Ankerias
Balena	Valas
Barca	Vene
Corallo	Koralli
Delfino	Delfiini
Gamberetto	Katkaravut
Granchio	Rapu
Maree	Tidevann
Medusa	Manet
Onde	Aalto
Ostrica	Osteri
Pesce	Kala
Polpo	Mustekala
Sale	Suola
Scogliera	Riutta
Spugna	Sieni
Squalo	Hai
Tartaruga	Kilpikonna
Tempesta	Myrsky
Tonno	Tunfisk

Paesaggi
Maisemat

Cascata	Vesiputous
Collina	Mäki
Deserto	Aavikko
Fiume	Joki
Geyser	Geysir
Ghiacciaio	Jäätikkö
Grotta	Luola
Iceberg	Jäävuori
Isola	Saari
Lago	Järvi
Mare	Meri
Montagna	Vuori
Oasi	Keidas
Oceano	Valtameri
Palude	Suo
Penisola	Niemimaa
Spiaggia	Ranta
Tundra	Tundra
Valle	Laakso
Vulcano	Volcano

Paesi #2
Maat #2

Albania	Albania
Danimarca	Tanska
Etiopia	Etiopia
Giamaica	Jamaika
Giappone	Japani
Grecia	Kreikka
Haiti	Haiti
Indonesia	Indonesia
Irlanda	Irlanti
Laos	Laos
Liberia	Liberia
Messico	Meksiko
Nepal	Nepal
Nigeria	Nigeria
Pakistan	Pakistan
Russia	Venäjä
Siria	Syyria
Sudan	Sudan
Ucraina	Ukraina
Uganda	Uganda

Pesca
Kalastus

Acqua	Vesi
Attrezzatura	Laitteet
Barca	Vene
Branchie	Gjellene
Cesto	Kori
Cucinare	Kokki
Esagerazione	Overdrivelse
Esca	Syötti
Fiume	Joki
Gancio	Koukku
Lago	Järvi
Mascella	Leuka
Oceano	Valtameri
Pazienza	Tålmodighet
Peso	Paino
Pinne	Evät
Spiaggia	Ranta
Stagione	Kausi

Piante
Kasveja

Albero	Puu
Bacca	Marja
Bambù	Bambu
Botanica	Kasvitiede
Cactus	Kaktus
Cespuglio	Puska
Crescere	Kasvaa
Edera	Muratti
Erba	Ruoho
Fagiolo	Papu
Fertilizzante	Lannoite
Fiore	Kukka
Flora	Kasvisto
Fogliame	Lehtien
Foresta	Metsä
Giardino	Puutarha
Muschio	Sammal
Petalo	Terälehti
Radice	Juuri
Vegetazione	Kasvillisuus

Pirati
Merirosvot

Ancora	Ankkuri
Avventura	Seikkailu
Bandiera	Lippu
Bussola	Kompassi
Capitano	Kapteeni
Cattivo	Huono
Cicatrice	Arpi
Equipaggio	Miehistö
Grotta	Luola
Isola	Saari
Leggenda	Legenda
Mappa	Kartta
Monete	Kolikot
Oro	Kulta
Pappagallo	Papukaija
Pericolo	Vaara
Rum	Rommi
Spada	Miekka
Spiaggia	Ranta
Tesoro	Aarre

Professioni #1
Ammatit nro 1

Allenatore	Valmentaja
Artista	Taiteilija
Avvocato	Asianajaja
Ballerino	Tanssija
Banchiere	Pankkiiri
Cacciatore	Metsästäjä
Cartografo	Kartografi
Editore	Redaktør
Farmacista	Apteekki
Geologo	Geologi
Gioielliere	Kultaseppä
Idraulico	Putkimies
Infermiera	Hoitaja
Marinaio	Merimies
Medico	Lääkäri
Musicista	Muusikko
Pianista	Pianisti
Psicologo	Psykologi
Scienziato	Tiedemies
Veterinario	Eläinlääkäri

Professioni #2
Ammatit #2

Agricoltore	Viljelijä
Astronauta	Astronautti
Biologo	Biologi
Chirurgo	Kirurgi
Dentista	Hammaslääkäri
Detective	Etsivä
Editore	Kustantaja
Filosofo	Filosofi
Fotografo	Valokuvaaja
Giardiniere	Puutarhuri
Giornalista	Toimittaja
Illustratore	Kuvittaja
Ingegnere	Insinööri
Insegnante	Opettaja
Inventore	Keksijä
Medico	Lääkäri
Pilota	Pilotti
Pittore	Taidemaalari
Politico	Poliitikko
Ricercatore	Tutkija

Riempire
Täyttää

Barile	Tynnyri
Borsa	Laukku
Bottiglia	Pullo
Busta	Kirjekuori
Cartella	Kansio
Cartone	Kartonki
Cassetto	Laatikko
Cesto	Kori
Nave	Alus
Pacchetto	Paketti
Secchio	Ämpäri
Tasca	Tasku
Tubo	Putki
Valigia	Matkalaukku
Vaso	Maljakko
Vassoio	Tarjotin

Ristorante #1
Ravintola nro 1

Allergia	Allergia
Caffè	Kahvi
Cameriera	Tarjoilija
Carne	Liha
Cibo	Ruoka
Ciotola	Kulho
Coltello	Veitsi
Cucina	Keittiö
Dessert	Jälkiruoka
Ingredienti	Aine
Mangiare	Syödä
Menù	Valikko
Pane	Leipä
Piatto	Levy
Piccante	Mausteinen
Pollo	Kana
Prenotazione	Varaus
Salsa	Kastike
Tovagliolo	Lautasliina

Ristorante #2
Ravintola nro 2

Acqua	Vesi
Aperitivo	Alkupala
Bevanda	Juoma
Cameriere	Tarjoilija
Cena	Illallinen
Cucchiaio	Lusikka
Delizioso	Herkullinen
Forchetta	Haarukka
Frutta	Hedelmä
Ghiaccio	Jään
Insalata	Salaatti
Minestra	Suppe
Pesce	Kala
Pranzo	Lounas
Sale	Suola
Sedia	Tuoli
Spezie	Mausteet
Torta	Kakku
Uova	Munat
Verdure	Vihannes

Scacchi
Shakki

Avversario	Vastustaja
Bianco	Valkoinen
Campione	Mestari
Concorso	Kilpailu
Diagonale	Diagonaalinen
Giocatore	Pelaaja
Gioco	Peli
Nero	Musta
Passivo	Passiivinen
Per Imparare	Oppia
Re	Kuningas
Regina	Kuningatar
Regole	Säännöt
Sacrificio	Uhrata
Sfide	Haasteet
Strategia	Strategia
Tempo	Aika
Torneo	Turnaus

Scienza
Tiede

Atomo	Atomi
Chimico	Kemiallinen
Clima	Ilmasto
Dati	Tiedot
Esperimento	Koe
Evoluzione	Evoluutio
Fatto	Tosiasia
Fisica	Fysiikka
Fossile	Fossiili
Gravità	Painovoima
Ipotesi	Hypoteesi
Laboratorio	Laboratorio
Metodo	Menetelmä
Minerali	Mineraali
Molecole	Molekyyli
Natura	Luonto
Organismo	Organismi
Osservazione	Havainto
Particelle	Hiukset
Scienziato	Tiedemies

Scuola #1
Koulu nro 1

Alfabeto	Aakkoset
Amici	Ystävä
Aula	Luokkahuone
Biblioteca	Kirjasto
Carta	Paperi
Cartelle	Kansio
Divertimento	Hauskaa
Esami	Kokeet
Insegnante	Opettaja
Libri	Kirjat
Matematica	Matematiikka
Matita	Lyijykynä
Numeri	Numero
Penne	Kynät
Per Imparare	Oppia
Pranzo	Lounas
Quiz	Tietokilpailu
Risposte	Vastauksia
Scrivania	Työpöytä
Sedia	Tuoli

Scuola #2
Koulu nro 2

Accademico	Akateeminen
Autobus	Bussi
Biblioteca	Kirjasto
Calendario	Kalenteri
Carta	Paperi
Computer	Tietokone
Dizionario	Sanakirja
Educazione	Koulutus
Forbici	Sakset
Giochi	Pelit
Grammatica	Kielioppi
Insegnante	Opettaja
Letteratura	Kirjallisuus
Lettura	Lukeminen
Libri	Kirjat
Matematica	Matematiikka
Matita	Lyijykynä
Scarpe	Kengät
Scienza	Tiede
Zaino	Reppu

Spezie
Mausteita

Aglio	Valkosipuli
Amaro	Katkera
Anice	Anis
Cannella	Kaneli
Cardamomo	Kardemumma
Cipolla	Sipuli
Coriandolo	Korianteri
Cumino	Kumina
Curcuma	Kurkuma
Curry	Curry
Dolce	Makea
Finocchio	Fenkoli
Gusto	Maku
Liquirizia	Lakritsi
Paprika	Paprika
Pepe	Pippuri
Sale	Suola
Vaniglia	Vanilja
Zafferano	Maustesahrami
Zenzero	Inkivääri

Spiaggia
Rannalle

Asciugamano	Pyyhe
Barca	Vene
Barca a Vela	Purjevene
Blu	Sininen
Costa	Rannikko
Dock	Telakka
Granchio	Rapu
Isola	Saari
Laguna	Laguuni
Mare	Meri
Oceano	Valtameri
Ombrello	Sateenvarjo
Sabbia	Hiekka
Sandali	Sandaalit
Scogliera	Riutta
Sole	Aurinko
Vacanza	Loma

Sport
Urheilu

Allenatore	Valmentaja
Arbitro	Tuomari
Atleta	Urheilija
Baseball	Baseball
Basket	Koripallo
Bicicletta	Polkupyörä
Campionato	Mestaruus
Ginnastica	Voimistelu
Giocatore	Pelaaja
Gioco	Peli
Golf	Golf
Hockey	Jääkiekko
Movimento	Liike
Palestra	Kuntosali
Squadra	Tiimi
Stadio	Stadion
Tennis	Tennis
Vincitore	Voittaja

Strumenti Musicali
Soittimet

Armonica	Huuliharppu
Arpa	Harppu
Banjo	Banjo
Chitarra	Kitara
Clarinetto	Klarinetti
Fagotto	Fagotti
Flauto	Huilu
Gong	Gong
Mandolino	Mandoliini
Marimba	Marimba
Oboe	Oboe
Pianoforte	Piano
Sassofono	Saksofoni
Tamburello	Tamburiini
Tamburo	Rumpu
Tromba	Trumpetti
Trombone	Pasuuna
Violino	Viulu
Violoncello	Sello

Surf
Surffausta

Atleta	Urheilija
Campione	Mestari
Divertimento	Hauskaa
Estremo	Äärimmäinen
Folla	Joukkoja
Forza	Vahvuus
Meteo	Sää
Oceano	Valtameri
Onda	Aalto
Popolare	Suosittu
Principiante	Aloittelija
Schiuma	Vaahto
Scogliera	Riutta
Spiaggia	Ranta
Stile	Tyyli
Stomaco	Vatsa
Velocità	Nopeus

Tecnologia
Teknologia

Blog	Blogi
Browser	Selain
Byte	Tavua
Computer	Tietokone
Cursore	Kursori
Dati	Tiedot
Digitale	Digitaalinen
File	Tiedosto
Font	Fontti
Internet	Internet
Messaggio	Viesti
Ricerca	Tutkimus
Schermo	Näyttö
Sicurezza	Turvallisuus
Software	Ohjelmisto
Statistiche	Tilastot
Telecamera	Kamera
Virtuale	Virtuaalinen
Virus	Virus

Tempo
Aika

Anno	Vuosi
Calendario	Kalenteri
Decennio	Vuosikymmen
Dopo	Jälkeen
Futuro	Tulevaisuus
Giorno	Päivä
Ieri	Eilen
Mattina	Aamu
Mese	Kuukausi
Mezzogiorno	Keskipäivä
Minuto	Minuutti
Momento	Hetki
Notte	Yö
Oggi	Tänään
Ora	Tunnin
Orologio	Kello
Presto	Pian
Prima	Ennen
Secolo	Vuosisata
Settimana	Viikko

Tipi di Capelli
Hiusten Tyypit

Argento	Hopea
Asciutto	Kuiva
Bianco	Valkoinen
Biondo	Vaalea
Breve	Lyhyt
Calvo	Kalju
Colorato	Värillinen
Grigio	Harmaa
Intrecciato	Punottu
Liscio	Sileä
Lungo	Pitkä
Marrone	Ruskea
Morbido	Pehmeä
Nero	Musta
Riccio	Kihara
Riccioli	Kiharat
Sano	Terve
Sottile	Ohut
Spessore	Paksu
Trecce	Punos

Uccelli
Linnut

Anatra	Ankka
Aquila	Kotka
Cicogna	Haikara
Cigno	Joutsen
Cuculo	Käki
Falco	Haukka
Fenicottero	Flamingo
Gabbiano	Lokki
Gufo	Pöllö
Oca	Hanhi
Pappagallo	Papukaija
Passero	Varpunen
Pavone	Riikinkukko
Pellicano	Pelikaani
Piccione	Kyyhkynen
Pinguino	Pingviini
Pollo	Kana
Struzzo	Strutsi
Tucano	Toukaanin
Uovo	Muna

Vacanze #2
Loma #2

Aeroporto	Lufthavn
Campeggio	Camping
Destinazione	Kohde
Foto	Kuvat
Hotel	Hotelli
Isola	Saari
Mappa	Kartta
Mare	Meri
Passaporto	Passi
Ristorante	Ravintola
Spiaggia	Ranta
Straniero	Ulkomaalainen
Taxi	Taksi
Tempo Libero	Vapaa
Tenda	Teltta
Trasporto	Kuljetus
Treno	Kouluttaa
Vacanza	Loma
Viaggio	Matka
Visto	Viisumi

Veicoli
Ajoneuvot

Aereo	Lentokone
Ambulanza	Ambulanssi
Auto	Auto
Autobus	Bussi
Barca	Vene
Bicicletta	Polkupyörä
Camion	Kuka
Elicottero	Helikopteri
Furgone	Varebil
Metropolitana	Metro
Motore	Moottori
Navetta	Sukkula
Pneumatici	Renkaat
Razzo	Raketti
Scooter	Scooter
Sottomarino	Sukellusvene
Taxi	Taksi
Traghetto	Lautta
Trattore	Traktori
Treno	Kouluttaa

Verdure
Vihannekset

Aglio	Valkosipuli
Broccolo	Parsakaali
Carciofo	Artisokka
Carota	Porkkana
Cetriolo	Kurkku
Cipolla	Sipuli
Fungo	Sieni
Insalata	Salaatti
Melanzana	Munakoiso
Patata	Peruna
Pisello	Herne
Pomodoro	Tomaatti
Prezzemolo	Persilja
Rapa	Nauris
Ravanello	Retiisi
Scalogno	Salottisipuli
Sedano	Selleri
Spinaci	Pinaatti
Zenzero	Inkivääri
Zucca	Kurpitsa

Vestiti
Vaatteensa

Abito	Mekko
Braccialetto	Armbånd
Calzini	Sukat
Camicetta	Pusero
Camicia	Paita
Cappello	Hattu
Cintura	Vyö
Collana	Kaulakoru
Giacca	Takki
Gonna	Hame
Grembiule	Esiliina
Guanti	Käsineet
Jeans	Farkut
Maglione	Villapaita
Moda	Muoti
Pantaloni	Housut
Pigiama	Pyjama
Sandali	Sandaalit
Scarpa	Kenkä
Sciarpa	Huivi

Virtù #1
Hyveet osa 1

Affascinante	Viehättävä
Affidabile	Luotettava
Appassionato	Intohimoinen
Artistico	Taiteellinen
Buono	Hyvä
Curioso	Utelias
Decisivo	Ratkaiseva
Divertente	Hauska
Efficiente	Tehokas
Generoso	Antelias
Indipendente	Riippumaton
Intelligente	Älykäs
Modesto	Vaatimaton
Paziente	Potilas
Pratico	Praktisk
Pulito	Puhdas
Saggio	Viisas
Utile	Hyödyllinen

Congratulazioni

Ce l'hai fatta!

Speriamo che questo libro vi sia piaciuto tanto quanto a noi è piaciuto concepirlo. Ci sforziamo di creare libri della più alta qualità possibile.
Questa edizione è progettata per fornire un apprendimento intelligente, di qualità e divertente!

Le è piaciuto questo libro?

Una Semplice Richiesta

Questi libri esistono grazie alle recensioni che pubblicate.

Puoi aiutarci lasciando una recensione
ora a questo link ?

BestBooksActivity.com/Recensioni50

SFIDA FINALE!

Sfida n°1

Sei pronto per il tuo gioco gratuito? Li usiamo sempre, ma non sono così facili da trovare - ecco i **Sinonimi!**

Scrivi 5 parole che hai trovato nei puzzle (n° 21, n° 36, n° 76) e prova a trovare 2 sinonimi per ogni parola.

Scrivi 5 parole del **Puzzle 21**

Parole	Sinonimo 1	Sinonimo 2

Scrivi 5 parole del **Puzzle 36**

Parole	Sinonimo 1	Sinonimo 2

Scrivi 5 parole del **Puzzle 76**

Parole	Sinonimo 1	Sinonimo 2

Sfida n°2

Ora che ti sei riscaldato, scrivi 5 parole che hai trovato nei puzzle n° 9, n° 17 e n° 25 e cerca di trovare 2 contrari per ogni parola. Quanti ne puoi trovare in 20 minuti?

Scrivi 5 parole del **Puzzle 9**

Parole	Antonimo 1	Antonimo 2

Scrivi 5 parole del **Puzzle 17**

Parole	Antonimo 1	Antonimo 2

Scrivi 5 parole del **Puzzle 25**

Parole	Antonimo 1	Antonimo 2

Sfida n°3

Grande! Questa sfida   non è niente per te!

Pronto per la sfida finale? Scegli 10 parole che hai scoperto nei diversi puzzle e scrivile qui sotto.

1.	6.
2.	7.
3.	8.
4.	9.
5.	10.

Ora scrivi un testo pensando a una persona, un animale o un luogo che ti piace.

Puoi usare l'ultima pagina di questo libro come bozza.

La tua composizione:

TACCUINO:

A PRESTO!

Tutta la Squadra